SOFRIMENTOS CONTEMPORÂNEOS

Blucher

Espaço Criar

Estudo e Atendimento

Clínico Psicanalítico

SOFRIMENTOS CONTEMPORÂNEOS

Desafios à psicanálise

Organizadoras

Katya de Azevedo Araújo
Raquel Moreno Garcia

Sofrimentos contemporâneos: desafios à psicanálise

Publisher Edgard Blücher
Editores Eduardo Blücher e Jonatas Eliakim
Coordenação editorial Andressa Lira
Produção editorial Helena Miranda
Preparação do texto Maurício Katayama
Diagramação Thaís Pereira
Revisão de texto Lidiane Pedroso Gonçalves
Capa Laércio Flenic
Imagem da capa iStockphoto

Blucher

Rua Pedroso Alvarenga, 1245, 4º andar
04531-934 – São Paulo – SP – Brasil
Tel.: 55 11 3078-5366
contato@blucher.com.br
www.blucher.com.br

Segundo o Novo Acordo Ortográfico, conforme 6. ed. do *Vocabulário Ortográfico da Língua Portuguesa*, Academia Brasileira de Letras, julho de 2021.

Dados Internacionais de Catalogação
na Publicação (CIP)
Angélica Ilacqua CRB-8/7057

Sofrimentos contemporâneos : desafios à psicanálise / organização de Katya de Azevedo Araújo, Raquel Moreno Garcia. - São Paulo : Blucher, 2024.

p. 218
Bibliografia
ISBN 978-85-212-2198-2

1. Psicanálise I. Araújo, Katya de Azevedo II. Garcia, Raquel Moreno

23-4871 CDD 150.195

Índices para catálogo sistemático:
1. Psicanálise

Conteúdo

1. Corpo estrangeiro, corpo estranho[1]

Jacques André

Duas sequências clínicas à guisa de introdução.

Indira é uma mulher jovem que vive entre duas culturas. Ela deixou a região de Pondicherri, sua terra natal, no final do ensino médio. É marcada tanto pela escola francesa e por sua educação universitária quanto por sua tradição familiar hinduísta. No que diz respeito ao amor, em contrapartida, não há divisão. Não que ela nunca tenha conhecido um homem indiano atraente, mas o simples pensamento de um ato sexual com tal homem lhe causa repulsa. Seu atual companheiro é francês, assim como os poucos parceiros anteriores.

Uma cena se repetiu várias vezes: quando Indira atravessa a soleira da porta do consultório, surge uma hesitação para saber quem fecharia a porta, ela ou eu. Certo dia, em um breve momento de confusão adicional, a dança da porta nos levou a passar mais perto um do outro do que o normal. No divã, Indira associou a respeito do incidente. Ela devia ter 5 ou 6 anos e passava muito tempo brincando

---

1 Tradução de Vanise Dresch.

com seu primo, um pouco mais velho que ela, sempre um tanto bruto, mas muito engraçado. Até o dia em que ele a perseguiu até o quarto, trancou a porta à chave e saltou em cima dela, tentando despi-la. O relato que ela faz da cena ainda traz os traços do medo e do prazer ignorado por ela mesma.

Intervenho: "Sou indiano quando fecho a porta?"

Essa interpretação, cuja violência subestimei, teve sobre Indira um efeito à altura desse momento alucinatório: ela teve um sobressalto – a palavra é fraca para descrever a descarga elétrica que a fez saltar do divã alguns centímetros.

*

Outra sequência. Perto de terminar a sessão, domingo, sentado na poltrona em frente a mim, fala sobre as modificações arquitetônicas que planeja fazer em seu apartamento. Para esse decorador de reconhecido talento, as considerações estéticas são o campo privilegiado onde o inconsciente busca suas metáforas. Tudo o que diz respeito ao seu *interior* é sobrecarregado de sentido, tanto que lhe foi necessário conquistar o seu próprio espaço, traçar claramente as fronteiras; construir um "lugar seu" e defendê-lo contra invasões é a história de sua vida. O gineceu da infância, um excesso de mulheres invasivas, uma mãe que nunca o largava e impediu o menino de "fechar a porta do quarto". Ele compartilha muitos momentos de sua vida com seu companheiro, mas viverem juntos, nem pensar.

A principal modificação que ele planeja em sua reforma é a remoção de uma... Um lapso lhe prega uma bela peça. O inconsciente é capaz de encurtar o caminho e chegar bruscamente à superfície. Em vez de dizer *mur porteur* [parede estrutural], Domingo diz *mère porteuse* [em francês, "mãe portadora" significa barriga solidária].[2]

---

2 No lapso do paciente, atenta-se para o adjetivo *porteur/porteuse* (portador, portadora), aquilo que sustenta e carrega [N.T.].

Silêncio estupefato, a vacilação é perceptível... Domingo não é insensível ao humor, por mais mórbido que seja, mas seus lábios mal conseguem esboçar um sorriso.

Ele descruza as pernas, levanta-se para ir embora, mas tropeça com o pé de apoio, seu tornozelo dobra, sua perna não o sustenta mais; ele consegue finalmente se agarrar ao móvel ao lado... Por um triz, não caiu em meus braços, em meus braços que sustentam o *holding* da transferência ao pé da letra. Ele vai embora mancando. Com uma torsão grave e uma leve fratura, Domingo vem às sessões, durante os dois meses seguintes, usando uma tala. "O que não pode ser alcançado voando, deve ser alcançado mancando."[3]

*

Gostaríamos que as coisas tivessem essa simplicidade com mais frequência, quando nada mais distingue a pulsão de sua pressão, quando a carne da fantasia violenta o corpo sem cerimônia e deixamos de nos questionar sobre a natureza do começo – o verbo ou o ato? –, já que, desta vez, *um é o outro*. *Pulsão* é a melhor palavra de que dispomos para expressar a violência da irrupção inconsciente, quando *isso* é mais forte do que *eu*.

Daniel Widlöcher e Jean Laplanche compartilham uma mesma crítica à concepção freudiana da pulsão, precisamente no que diz respeito à definição da *fonte*, sintetizada na frase que se tornou um refrão: "A pulsão é um conceito fronteiriço entre o psíquico e o somático", ou seja, entre a "vida anímica" e o "lado biológico". A pressão, o objeto e a meta, que são outros componentes da pulsão, certamente merecem discussão, mas não há nada em nossos autores que rompa com o pensamento de Freud; no que se refere à "fonte", diferentemente, trata-se mais de uma ruptura do que de uma crítica. As palavras de Laplanche são as mais radicais, denunciando

3 Palavras tomadas emprestada por Freud de Friedrich Rückert, conforme *OCF-P XV* (p. 338), PUF, 1996 (tradução direta).

o "extravio biologizante" de Freud. Mas Widlöcher não fica para trás: "Sou contra o modelo biológico da pulsão, contra a definição de uma excitação física vinda de fora que se transmite à psique". A violência alucinatória do sonho se exerce mesmo quando não há estímulo externo, violência que faz um sonhador acordar subitamente quando uma faca está prestes a ser cravada em suas costas, ou que faz uma mulher sentir um orgasmo em seu mais profundo ser e provoca em outra a produção de leite, a ponto de derramá-lo mesmo não estando grávida. Essa violência pulsional que perturba o corpo não tem outra fonte senão a força alucinatória do próprio sonho.

O que vale para o sonho também vale para a fantasia, mesmo que seja em menor grau alucinatório. "A fantasia inconsciente é uma atividade psíquica que é fonte de energia, é o que mobiliza. As fantasias são pressões internas de nossa imaginação que tentam se realizar." Criticar a teoria da fonte biológica da pulsão "é devolver todo o peso econômico à dinâmica da fantasia: a fantasia é desejante, *primum movens*", representação alucinada que busca se materializar.[4] Laplanche diz a mesma coisa, embora o faça com outras palavras, e à fantasia (que já supõe modos complexos de ligação) ele prefere a ideia de um objeto-fonte, uma espécie de índice deixado pelo recalcamento, como um espinho irritativo fincado na carne. Note-se que, mesmo marginal, essa ideia não está ausente em Freud. Por exemplo, em maio de 1897, ao elaborar uma primeira teoria da força da fantasia que levou, alguns meses depois, ao abandono da *neurotica*, e quando falou dos *impulsos* (*Impulse* se não *Trieb*) "derivados das cenas originárias".[5] A representação (alucinação, fantasia, lembrança, traço, índice) não é aquilo a que uma energia somática livre, flutuante e sem qualidade se ligará; ao contrário, é

---

4 *Cent ans après*, (Entretiens avec Patrick Froté), Gallimard, 1998, pp. 310-11.

5 *Lettres à Wilhelm Fliess*, PUF, 2006, p. 303.

a sua fonte, a fonte da pressão e do eventual impacto corporal. É a queda da "mãe portadora"[6] que fratura o tornozelo de Domingo.

A ideia de uma fonte biológica da pulsão permanece prisioneira do modelo genital da pressão pubertária, instintual e hormonal. Prisioneira de uma equação residual entre genital e sexual. Foi somente em 1924, confrontado com o enigma do masoquismo, que Freud mensurou plenamente sua própria descoberta, associando o prazer à tensão da excitação, e não mais ao modelo orgásmico da descarga. É o que Clémenceau, à sua maneira obscena, afirma: "O melhor do amor está em subir as escadas". Na puberdade, não há, sem dúvida, imagem mais forte da distinção entre instinto e pulsão do que a violência pulsional da fantasia alucinatória anoréxica, capaz de bloquear, por sua ação exclusivamente, o processo hormonal em curso e interromper as transformações somáticas.

Não é difícil reconhecer que a vida pulsional pode tirar proveito da tensão instintual, da exigência da necessidade, qualquer que seja o instinto, incluindo, é claro, o genital pubertário. Também não é difícil reconhecer que a excitação pode tirar proveito da intensa inervação de certas zonas, especialmente a oral e a anal. Mas esse modelo logo atinge seu limite: o olho não é a fonte do voyeurismo, nem as nádegas a do masoquismo, mesmo que seja um começo. *A originalidade da psicanálise não se situa ali*. A sexualidade humana nasceu em dois tempos. O primeiro tempo, pré-histórico, corresponde ao momento em que sexualidade e reprodução se dissociam no ser humano, diferentemente do que ocorre em todos os outros primatas. Talvez date do mesmo período o advento da morte humana, quando o homem se preocupa com a morte de seus congêneres – preocupação desconhecida no mundo animal e nos seres humanos originários. Aqui, a prova pelo osso permite datar, de forma mais

6 Ver nota de tradução anterior [N.T.].

precisa, por volta de 400 mil anos, ou seja, no mesmo período em que se constituem a linguagem articulada e a atividade simbólica que ela possibilita. A sexualidade humana não é simplesmente um fato de linguagem, mas é inconcebível sem ela.

O segundo tempo sexual é freudiano e, desta vez, dissocia sexual e genital. Laplanche, assim como Widlöcher (e nós, como eles), fazem da sexualidade infantil, e, mais ainda, do infantilismo da sexualidade adulta, a principal descoberta psicanalítica. "Por mais desconcertante que possa parecer, deve-se levar em conta que algo na própria natureza da pulsão sexual não é propício à satisfação plena".[7] É impossível, nessa conhecida frase de Freud, substituir *pulsão* por *instinto*. Conhecemos os argumentos apresentados por Freud para justificar essa *estranheza* da pulsão: o recalcamento dos desejos infantis, notadamente os incestuosos, que instaura o deslocamento no cerne do objeto, e a dispersão da pulsão em pulsões parciais. Em outras palavras, o sal da experiência analítica. Empregada no singular na metapsicologia, a pulsão sempre se coloca, na prática, no plural, de forma parcial.

Uma vez descartada a biologia da fonte, onde entra o corpo nisso tudo? Onde começa e onde termina o corpo na psicanálise? As duas sequências clínicas apresentadas na introdução fazem parte dessa questão, a qual me levará a citar, mais adiante, Anzieu. O antagonismo tese contra tese logo encontra seus limites na psicanálise. O diálogo Laplanche-Widlöcher me servirá, contudo, de apoio para uma reflexão sobre o corpo na psicanálise. Um diálogo que se estabeleceu em três episódios: em 1984 (*A pulsão, para que serve?*), em 2000 (*Sexualidade infantil e apego*, em que os respectivos posicionamentos assumidos relativos à sexualidade infantil foram os mais acentuados), e em 2006 (*O objeto*). Esses dois homens gostavam de debater, principalmente entre si, mesmo que o tema de debate

---

7 Freud (1912/1998), p.139.

mais fecundo não tenha sido o "corpo". Widlöcher, dessa vez, foi o mais radical: "Falamos demais do corpo na psicanálise... O corpo, nela, é justamente colocado entre parênteses. A psicanálise é feita para neutralizar o corpo, por assim dizer. Tanto pela posição deitada quanto pela fala".[8] O corpo é tirado fora, porém, expulso pela porta, ele voltará pela janela, por aquela da somatização. Já estou antecipando aqui o que diz respeito à outra história.

No índice laplancheano, o *corpo* é sempre o "corpo estranho", isto é, a metáfora freudiana para designar a alteridade do inconsciente, ainda que Freud hesite entre duas imagens, a do "corpo estranho" e aquela do "infiltrado nos tecidos". Essas metáforas não deixam de ter efeitos *corporais*, no sentido literal neste caso. Se recorrermos ao verbo transitivo *étranger* [afastar, alhear], em desuso no francês, podemos dizer, como Stendhal o empregava, que a vida pulsional *alheia* o corpo. Primeiramente, o corpo sexual, é claro, desde o brochar até o priapismo, do vaginismo à impaciência ninfomaníaca; depois, o corpo sexual ignorado como tal, desde as mais loucas conversões de que a histeria é capaz até a obstinada retenção do obsessivo. Do dedão do pé do fetichista à cabeleira obscena escondida pelo *hijab* ou tosada pelo censor, esse corpo deve tudo à inscrição da fantasia na carne, tanto pelo prazer quanto pelo desprazer quando o recalcamento cria o sintoma. Esse corpo, carne da fantasia, é o de Indira. O estupro só é possível *in praesentia*, quando a intensidade da transferência beira o alucinatório.

O corpo psicanalítico é um corpo antropológico, tão datado quanto podem ser a sexualidade e a morte humanas, sendo tudo isso indissociável do nascimento da atividade simbólica possibilitada pela construção cerebral da linguagem articulada. Só que tudo isso não impede que o corpo biológico exista... Criticar a fonte biológica da pulsão é uma coisa – com a qual estou de pleno acordo –,

8 Donnet et al.(1998), p.312.

questionar, em sentido contrário, as modalidades segundo as quais a vida pulsional, sua desordem e sua fúria vêm perturbar a boa ordem biológica é outra coisa. O intricamento psique-soma tem obscuridades que os corpos histéricos e obsessivos não possuem, notadamente porque a atividade simbólica torna-se muito confusa, até mesmo indistinguível.

O exemplo clínico que descreverei a seguir situa-se em um entremeio, onde reina uma confusão que faz com que já não saibamos bem de que corpo estamos falando.

Gustave fez uma primeira e longa análise. Foi a interrupção brutal desse tratamento, com as consequências dessa brutalidade, que o levou a consultar. Por diversas vezes, Gustave se sentiu maltratado, insultado, até mesmo usado por seu analista, que, ao final de uma sessão, foi capaz de lhe pedir para postar sua correspondência. Nada disso teria sido possível se o masoquismo de Gustave não tivesse se aproveitado da ocasião. Conhecendo também a reputação da analista em questão pelo seu temperamento, restava-me pouca dúvida de que o par transferencial havia feito sua parte. Até o insulto, a gota d'água que fez transbordar o copo, levando Gustave a finalmente fugir. Ele conta a cena: "Eu disse a ela que tinha problemas *ginecológicos* (a palavra é pronunciada sem que claramente ele a ouça)... Ela ficou furiosa e me respondeu que eu estava com gonorreia, que iria contaminar minha mulher, e terminou dizendo: 'Vous êtes un *con!*'[9] [Você é um *idiota*!]" Essa foi a palavra excessiva, a palavra que marcou o fim.

Um mês após a interrupção, Gustave desenvolveu uma retocolite ulcerativa, sintoma inexistente até então, cuja gravidade relativa

---

9 *Con* é uma palavra polissêmica e um substantivo trivial que, originariamente, designa a vulva humana. No sentido figurado, a palavra *con* também é uma palavra vulgar, geralmente usada como insulto nos países de língua francesa, podendo designar uma pessoa idiota, imbecil, estúpida, desagradável [N.T.].

não necessitou de hospitalização. Um ano depois, quase na data de aniversário do primeiro episódio, o sangramento se repetiu. Por força da retocolite, foi a Michel de M'Uzan, titular da Escola Psicossomática de Paris, que Gustave dirigiu a sua queixa. Após uma consulta, de M'Uzan o encaminhou para mim.

Gustave é um paciente psiconeurótico, indo, de vez em quando, além. Surpreendentemente, ele se parece mais com o Homem dos Ratos. Que analista suportaria, hoje, o Homem dos Ratos, sua extrema violência, perguntou-se Nathalie Zaltzman (ver o *Diário*). Não é por acaso que a primeira referência à contratransferência foi sucessiva ao final desse tratamento, no qual Freud ouviu os membros de sua família serem rebaixados, um por um, nos termos mais escatológicos possíveis. Reação contratransferencial, e Freud anota em seu *Diário*: "Dei-lhe o livro de Zola *A alegria de viver*".

O psicanalista sempre corre o risco de subestimar a violência da coisa psíquica. Certo dia, Gustave chega à sessão com o rosto lívido, claramente abalado, e diz: "Logo antes de bater na porta, fui assaltado por três imagens: mijo na sua cara, prendo-o ao arame farpado, jogo-o na lata de lixo". Em seus sonhos, um taco de beisebol desempenha mais ou menos o mesmo papel que o rato para o Homem dos Ratos. Sadismo, masoquismo, passividade, feminilidade, tudo isso servido na linguagem privilegiada da analidade, constituem o sal de nossas sessões. A sodomia é a passagem obrigatória de sua vida sexual. Um sonho, seu relato no divã, tão carregado de angústia quanto de excitação, e a violência da transferência desencadeiam uma nova crise de retocolite. Como o inconsciente não se interessa somente pelos significantes, mas também pelos significados, não é *con* [ver a nota da tradução na página anterior], mas *trou* [buraco, orifício] que, nesse sonho, tem uma carga tão libidinal quanto deletéria. A retocolite se manifestou pouco tempo depois da sessão, e foi a última crise e o fim do sintoma. Muito tempo depois, voltando a falar desse episódio, Gustave a ele se refere como uma "crise de reforço". Só se pode sodomizar e ser sodomizado, condensar o *con*, o *trou du cul* [o orifício anal] e o beisebol *in praesentia*.

Qual teoria para essa retocolite? Histeria de conversão, histeria arcaica enraizada nas relações precoces, no sentido de Joyce McDougall, desorganização psicossomática... A pergunta é mais interessante que a resposta. Da vulva [*con*] que sangra à representação cloacal do sexo feminino, passando pelo domínio do par passividade-masoquismo, não faltam elementos de sentido para situar o sintoma de Gustave na vertente da simbolização histérica. Não lhe faltam nem o imaginário nem a expressão dos afetos. Resta uma pergunta para a qual é difícil fornecer uma resposta definitiva: a crise seria produto da análise, do jogo entre transferência e contratransferência, do trauma provocado pela sedução sádica da analista, ou ela revelaria um lugar do corpo, digamos "arcaico", que escapou ao processo de diferenciação dos tempos iniciais?

Como entender que Gustave tenha feito tantos anos de análise com essa mulher intratável e violenta? Ela deve tê-lo lembrado alguém. Seu reto lhe pertence mesmo ou ele faz parte desse "corpo para dois" do início da vida, referido por Joyce McDougall? A zona anal, com as trocas entre mãe e filho que dela se originam, é um lugar privilegiado da confusão inconsciente entre o cuidado e o sexual. A representação que se pode construir da vida psíquica de Gustave puxa para os dois sentidos. Por um lado, o tratamento psíquico, num cenário de sonhos, fantasias, associações, transferências e interpretações, vence o sintoma. Sua vida nada tem de operatório. Por outro lado, a crueza de suas fantasias, a nudez de seus afetos (o analista é idealizado num dia e noutro, preso ao arame farpado), a violência somática da retocolite evocam as modalidades de um funcionamento psíquico primitivo e uma falha, no mínimo parcial, na transformação da irrupção pulsional.

A partir daí, podemos fazer duas construções teóricas, dois "Gustave" que são duas especulações, uma sob o signo de Widlöcher e a outra sob o signo de Laplanche, ambas na esteira do debate entre eles acerca de "sexualidade infantil e apego". Para os dois autores, o *trauma precoce*, aquele que determina as modalidades posteriores da vida psíquica, é um trauma *exógeno*, exceto que o *exo*, o "fora", tem significado diferente para cada um. Para Widlöcher, trata-se de deficiências, privações no terreno do apego ou do amor primário (a palavra de Balint preferível àquela de Bowlby). Laplanche, por sua vez, refere-se à intrusão da sexualidade infantil inconsciente do adulto próximo, a qual, independentemente do grau de ternura, compromete os gestos de cuidado. Ao beijar, acariciar, embalar e amamentar seu filho, a mãe o trata, inconscientemente, como "um objeto sexual propriamente dito".

Essas duas teorias, como toda e qualquer teoria, aspiram à generalização, mas o "ser humano em geral" não existe, a não ser na filosofia. Quando Widlöcher aborda especificamente a clínica, aquela que permite ilustrar a relação do trauma com os fracassos do apego, ele se refere à "patologia limítrofe", incluindo as "organizações perversas". Quanto a Laplanche, mesmo que o paciente de referência não seja especificado, evidencia-se que se trata de um psiconeurótico – ou até mesmo de um histérico, uma vez que o paradigma da histeria e a forma que o recalcamento nela assume constituem a base do raciocínio.

O *outro* de Widlöcher é o adulto (a mãe, na maioria das vezes) do apego primário, ainda mais *outro* por não ser *good enough*. O *outro* de Laplanche é "o outro do outro", o sexual inconsciente do ser próximo, estruturalmente sedutor. As consequências para a "pulsão" são máximas: a palavra desaparece sob a pena de Widlöcher, que, na verdade, não precisa dela. Nos escritos de Laplanche, ao contrário, é a palavra do excesso incoercível do sexual infantil que nenhum tratamento psíquico, por mais bem-sucedido que seja, pode superar.

A primeira teoria constrói um "Gustave" maltratado, em quem a função autoerótica, lúdica, hedônica, traumatolítica da sexualidade infantil conseguiu apenas parcialmente metabolizar as falhas do amor primário. Como resultado, as fantasias permanecem pobres e cruas, a ambivalência é mal integrada, o recurso à identificação projetiva é transferencialmente muito frequente, e a somatização toma conta quando a psique não pode mais suportar.

A segunda teoria faz de "Gustave" um ser *pulsional* que, sobrecarregado pela efração da sexualidade inconsciente daquela que deveria "cuidar" dele ("vous êtes un *con*"), não encontra simbolização possível para o ataque traumático que sofreu a não ser pelo sangramento reto-cloacal, isto é, pela via somática obscura de uma passividade, de um masoquismo e de uma feminilidade primitiva.

Como pano de fundo dessas duas teorias, duas representações distintas da sexualidade infantil. "Considera-se geralmente que a sexualidade infantil é objeto de recalcamento. Isso é mesmo verdade?" Essa frase de Daniel Widlöcher, que dificilmente poderia ser mais clara, dá o tom de sua concepção, uma concepção que reivindica sua dimensão especulativa. A sexualidade infantil, segundo ele, é submetida ao princípio de prazer preliminar, ao contrário do modelo do orgasmo que, diz Widlöcher, "obstrui nossa compreensão".

> *O prazer, no autoerotismo da sexualidade infantil, seria inicial e não terminal... A emergência do desejo coincidiria com o prazer... O jogo imaginativo alcança o ápice*

> *do prazer na emergência da ação lúdica. Isso também aconteceria no sonho, assim como é evidente no chiste . . . Na economia do prazer da sexualidade infantil, ao contrário daquela da sexualidade genital, existiria uma coincidência temporal entre o surgimento da fantasia e sua satisfação.*

Paro por aqui a apresentação dessa teoria tão *hedônica* da sexualidade infantil, que deve quase tudo à combinação da imaginação com a memória e "à capacidade de ilusão da psique humana". Excluídos, portanto, o recalcamento e a parte selvagem do sexual infantil. Como compreender, então, as manifestações psicopatológicas? Por uma *clivagem* entre o registro do apego e aquele do autoerotismo infantil que atenta contra suas próprias virtudes traumatolíticas transformadoras. Em vez da criação fantasmática, encontramos autoerotismos pobres e compulsivos. Isso se aproxima do que Gérard Szwec chamou de *procedimentos autocalmantes*, quando a psique está no limite de sua capacidade e ameaçada de desorganização somática.

Com as noções de tradução e de simbolização, Laplanche está longe de ser indiferente quanto ao prazer da criança hermeneuta em dar sentido ao enigma do sexual. No entanto, sua originalidade teórica privilegia o outro polo, o do recalcamento, do desligamento, a ponto de levar ao extremo a alteridade do inconsciente, um "império do desligado" onde praticamente só se encontram significantes dessignificados, como o *con* de Gustave. Mais do que ao hedonismo da sexualidade infantil, Laplanche dá ênfase à sua face deletéria, destrutiva, a ponto de se tornar uma "pulsão sexual de morte", da qual a retocolite de Gustave pode servir de ilustração. Laplanche gostava de lembrar que esse sexual mortífero tem seu manifesto no opúsculo de Sade: "Franceses, só mais um esforço para serem republicanos!". Ou seja, o que advém do corpo social quando se soltam as rédeas da vida pulsional. A tão incestuosa frase "é proibido proibir" torna-se, mais tarde, o eco disso.

A sexualidade infantil a partir de Laplanche é tão traumática quanto é traumatolítica segundo Widlöcher. Para além dessas divergências, nossos dois autores concordam, em certa medida, quanto à teorização do tratamento psíquico oferecido pela análise. Para ambos, a sexualidade infantil não é simplesmente o objeto privilegiado da análise, sendo também sua força motriz, seu vetor. Mesmo que, aqui, novamente, a ênfase de cada um não recaia sobre o mesmo ponto. O hedonismo de Widlöcher o leva a escrever: "Em certos momentos do tratamento, o trabalho associativo é idêntico ao do sonho. E, em ambos os casos, há produção de um prazer psíquico que deve ser tido como um gozo sexual infantil".

> *O mecanismo de produção da satisfação psíquica autoerótica é, em parte, estimulado pela presença e pelo pensamento do psicanalista. Este, através de sua escuta, de sua atividade associativa e de suas interpretações, abre a atividade associativa do analisando para esses processos de ligação-desligamento que permitem o desenvolvimento de uma atividade autoerótica ligada aos conflitos intrapsíquicos do sujeito.*

Para Laplanche, a possível eficácia do tratamento analítico, aquele que, nas palavras de Freud, permite que o paciente se torne, se não outro humano, pelo menos "o que ele poderia ter se tornado na melhor das hipóteses", é uma ação que repousa no decalque entre o dispositivo do tratamento analítico e o confronto primitivo com o enigma sexual do outro. Se a análise, sua assimetria, permite reabrir o que o recalcamento fechou obstinadamente, é porque ela atualiza a situação da sedução originária, notadamente induzindo o amor de transferência por meio de uma proposta indecente: "Diga o que lhe vier à cabeça, sem evitar nada…".

Embora a palavra plasticidade não seja frequente na escrita dos dois autores, é disso que se trata. Freud: "As pulsões sexuais nos impressionam por sua plasticidade, pela capacidade de mudar suas metas, pela faculdade de se fazerem representar, na medida em que uma satisfação pulsional pode ser substituída por outra, e por sua faculdade de serem adiadas".[10] O exercício dessa plasticidade sexual, o que a transferência significa, certamente corre o risco de afundar na repetição, mas ocorre que é dessa mesma fonte que vem a esperança de mudança. E a primeira marca da mudança na análise se deve, sem dúvida, menos a uma variação dos conteúdos do que a uma modificação da economia psíquica.

Horace é um jovem cirurgião, especialista em "entranhas", como ele mesmo faz questão de definir. Todos os dias, talha no intestino delgado. Em cada sessão, também, expõe as vísceras e não esconde de quem o escuta nenhum detalhe sangrento da sala de cirurgia. A sexualidade infantil, nele, obedece ao mesmo regime, o das fantasias cruas e rudimentares, dos sonhos sem onirismo e de uma vida sexual com ares de sala de plantão. Ele teve um sonho: em cima de uma cama com sua irmã, eles dormem juntos. Ponto. Dois ou três anos mais tarde, quando a sedução, diz Laplanche, ou o co-pensamento, diz Widlöcher, já fez sua obra transformadora, Horácio sonha de novo. O conteúdo é o mesmo, o amor incestuoso pela irmã, mas é a forma onírica que traz a marca da mudança psíquica. Ele e sua irmã embarcam em um barco à vela, como muitas vezes fizeram na adolescência, para o mais intenso dos prazeres compartilhados. Ele segura o leme, ela puxa a vela de um esquife tipo "caravela". A deriva das associações nos levará à descoberta da América, *terra incognita*. Mas o mar se agita, o sonho se transforma em pesadelo,

10 Freud (1933/1984), p.132.

e Horace acorda assustado no momento em que o barco está prestes a colidir em uma rocha.

Pulsional bruto ou plasticidade pulsional. As reflexões de Anzieu são possivelmente úteis para lançar luz sobre esses dois destinos pulsionais. "Não há pulsão sem constituição de um eu-pele." Essa frase dá o tom de sua contribuição. *Isso* é certamente mais forte do que *eu*. No entanto, a construção deste último, suas capacidades de metabolização (e não apenas de recalcamento) da pressão pulsional, desempenham um papel decisivo nos dois destinos mencionados. Pode-se imaginar que a pulsão e o Eu *tomam corpo* ao mesmo tempo. "A psique é corporal, nada sabe a respeito." Essa declinação da assertiva freudiana ("A psique é estendida, nada sabe a respeito"), proposta por Françoise Coblence, vale tanto para o Eu quanto para o Id, pelo menos no início. Sabe-se quanto o processo de identificação deve ao modelo da ingestão-incorporação, o mecanismo de projeção, à expulsão das fezes, a delimitação do próprio corpo, à retenção destas, a diferenciação entre dentro e fora, ao envelope da pele... Esse primeiro Eu não se constrói por si só. Ele é indissociável do investimento, pelo ambiente humano próximo, das principais funções: respirar, digerir, defecar, dormir... São essas mesmas funções que constituirão mais tarde o terreno das graves desordens psicossomáticas, quando a pulsão, tendo perdido seu objeto e sua meta, aproxima-se de uma simples quantidade desligada. *Nem* todo mundo *sabe* comer, respirar, defecar, dormir.

O Eu é um ser fronteiriço, o sítio da análise também, onde a expressão pulsional, seu ato, é limitado ao ato da fala. A plasticidade pulsional, aquela que permite deslocar-se dentro de si mesmo, que dá acesso a uma possível mudança psíquica, é ameaçada tanto pelas fronteiras rígidas de um Eu que não quer ouvir nada quanto pelas fronteiras pisoteadas de um Eu aos pedaços. A pulsão precisa de uma "parede estrutural" para ganhar impulso. Quando essa "parede" desmorona, a queda é iminente, às vezes no sentido literal e no sentido figurativo.

*

Isso nunca é isso foi o primeiro título em que pensei. O corpo determinou outro. Mas o tema sugerido por esse primeiro título é o pano de fundo do meu argumento. A frase de Freud (1912/1998) já citada ("... algo na própria natureza da pulsão sexual não é propício à satisfação plena", p. 139) pode ser compreendida pelo menos de duas maneiras: pelo lado da falta, da discrepância irredutível entre o desejo e a sua realização; e pelo lado do excesso, o de um prazer que nunca renuncia à sua tensão, mesmo que isso signifique deslocar-se de um objeto a outro, até mesmo de uma meta a outra, quando a vida pulsional é posta a serviço da sublimação. Não é a falta *ou* o excesso, essas duas vertentes da pulsão são como frente e verso de uma mesma folha.

De certa forma, isso também vale para o par traumático/traumatolítico. Há pelo menos um momento na obra de Freud em que se encontram reunidos a fonte-sedução da pulsão e o hedonismo da vida pulsional. O abandono da *neurotica* libera, de certa maneira, a sedução de sua atribuição unicamente à psicogênese da histeria. Ao pai, vil sedutor, sucede a mãe do amor e do cuidado, aquela que, protegida pelo recalcamento, oferece ao filho um amor que "possui a natureza de uma relação amorosa que satisfaz plenamente". Por certo, a neurose ou a insaciabilidade pulsional podem ser os destinos dessa transmissão inconsciente do sexual infantil, mas há outra saída: nada de grande se faz na existência sem uma "necessidade sexual energética". É à pulsão, é àquilo a que ela "compele o indivíduo" que se devem as maiores "realizações éticas e psíquicas".[11]

11 Freud (1905/1987), p.166.

Referências bibliográficas

Donnet, J-L., Green, A., Laplanche, J., Lavie, J-C, McDougall, J., de M'Uzan, M., Pontalis, J.-B; Valabrega, J.-P., & Widlöcher, D. (1998). *Cent ans après: entretiens avec Patrick Froté.* Gallimard.

Freud, S. (1984). Angoisse et vie pulsionnelle. In S. Freud., *Nouvelles conférences d'introduction à la psychanalye.* Gallimard. (Trabalho original publicado em 1933).

Freud, S. (1987). *Trois essais sur la théorie sexuelle.* Gallimard. (Trabalho original publicado em 1905).

Freud, S. (1998). *Du rabaissement généralisé de la vie amoureuse.* (OCF-P, Vol. XI, p. 139). PUF. (Trabalho original publicado em 1912).

2. Dissidências sexuais e identificações de gênero: um teste a partir da metapsicologia

Facundo Blestcher

Há mais coisas entre o céu e a terra do que pode imaginar nossa vã filosofia.
Shakespeare, *Hamlet*

O fato de ser citada frequentemente não faz com que essa epígrafe provoque menos ressonâncias. Assim como o atribulado Hamlet, muites[1] psicanalistas perambulam atormentades ante o desígnio vindicativo do espectro paterno. O assassinato do Pai, pelas mãos de uma época descrita como catastrófica, ameaça demolir não apenas sua autoridade inquestionável, mas também a possibilidade de subsistência de seus descendentes e de suas práticas. Numa defesa tosca,

1 Neste capítulo, será utilizada a chamada "linguagem inclusiva", considerando-se que os usos da língua são políticos. Resultaria incongruente submeter à desconstrução os dispositivos normatizadores das sexualidades e os gêneros sem fazer o mesmo com os procedimentos discursivos que reproduzem a norma linguística. Para além dos debates gramaticais em jogo, consideramos esse uso uma operação retórica tendente a evidenciar o sexismo codificado na língua e a refletir no plano da comunicação a luta política pela igualdade.

apelam a qualquer ardil com vistas a deter o embate, afirmando com uma sólida convicção – que, se associada a outras pessoas, qualificariam sem rodeios como psicótica ou delirante – os dogmas sobre os quais têm sustentado tanto suas intervenções clínicas quanto suas estruturas identitárias e institucionais. Ao que parece, a questão é se parapeitar atrás dos enunciados estabelecidos, salvaguardando-os de qualquer interpelação, ainda quando as transformações sócio-históricas possam colocá-los em xeque, prolongando, dessa forma, a ereção do poder do Pai como monumento e resguardando-o de toda detumescência.

Fazer semblante de desdém ou de indignação parece ser a resposta: ou se afirma que nada do edifício conceitual psicanalítico se veria afetado pela crise atual do patriarcado e do seu regime de produção de subjetividades, porque a estrutura do mundo das ideias persistiria imperturbável na sua beatífica imutabilidade; ou, então, é atribuída ao mal-entendido – quando não à má-fé – toda crítica que for formulada em relação aos preconceitos e estereótipos logo-falocêntricos, cis-heteronormativos e coloniais que certos discursos analíticos nutrem, favorecendo sua reprodução e legitimação[2].

Assim, o Pai – insira-se aqui o nome do autor ou mestre de referência, mesmo que um resulte mais evocador pelo intenso culto devotado a sua personalidade e memória – devém uma espécie de objeto fetiche ou de objeto relíquia: seja pela negação pela qual se suporta um gozo que tampona o reconhecimento da castração – que também vale para a nossa posição diante do conhecimento e do sofrimento des outres –, ou pela pretensão de conservar o objeto perdido à margem da morte e da passagem do tempo – como vemos nos avatares melancólicos em que os restos do morto ou seus

2 Numerosas vozes dissidentes se levantam na psicanálise argentina para questionar esses pressupostos heteronormativos e patriarcais. Merecem uma especial menção as contribuições de Débora Tajer (2020) e Jorge Nico Reitter (2018).

pertences resistem incólumes, transformados em peças de museu que se oferecem para a veneração íntima ou pública.

Boa parte dos perigos – em face dos quais certa psicanálise se acantona, protegendo seus bastiões – é atribuída às atuais transformações nos processos de produção de subjetividades sexuadas. Pareceria se tratar do risco que esses outres (travestis, trans, não bináries, fluides, queer e outres) representam para o regime de vida e de verdade vigente. A partir dessa posição, o nosso tempo tem sido caracterizado como "época trans" – ou até como "epidemia trans", numa hipérbole do dislate –, antecipando, com uma capacidade de predição que não deixa nada a invejar ao poético oráculo de Delfos – exceto a sua poesia –, os cataclismos aos quais conduziria um desarranjo entre os sexos que (se) precipitaria, irremediavelmente, na dissolução da ordem simbólica. Um balanço menos apaixonado e religioso parece nos mostrar que a crise do patriarcado e de seus dispositivos de normatização das sexualidades, dos gêneros e das sexuações vai delineando novos horizontes de realização humana e que a sobrevivência da humanidade, inclusive como espécie, se encontra à mercê de outras fatalidades.

O empuxo para a norma e uma estranha certeza da psicanálise

Uma desorientação como a que descrevemos requereria uma leitura sintomática que ajude a analisar as resistências que deixa à mostra, alertando que as nossas teorizações também se inscrevem – como todas as formulações científicas – no horizonte da historicidade, permanecem implicadas em coordenadas políticas e carregam implicitamente um procedimento de construção de inteligibilidade que molda nossas posições teoréticas, clínicas e éticas. Àqueles que insistem em reiterar como salvo-conduto a conhecida recomendação de Lacan (1998) – "Que antes renuncie a isso, portanto, quem não conseguir alcançar em seu horizonte a subjetividade de sua época" (p. 322) –, conviria ter presente que a época não configura uma exterioridade em relação à qual os/as psicanalistas e a própria psicanálise se manteriam à margem, nem se trata meramente de um campo de fenômenos que se oferecem à nossa interpretação, mas que suas determinações constituem nossas subjetividades e nossas formas de nos situar no mundo. Isso também implica recuar diante da tentação de transformar a psicanálise numa cosmovisão que autorizaria os/as analistas a se manifestarem sobre a totalidade das coisas passadas, presentes e vindouras.

A exigência que propomos consiste em submeter nossas próprias teorias às ferramentas psicanalíticas com o objetivo de conservar paradigmas de base, submetendo nossos enunciados ao teste metapsicológico e clínico, desfazendo-nos do lastro de formulações que, agora, não apenas resultam insuficientes como francamente insustentáveis (Bleichmar, 2005).

As dissidências sexo-genéricas colocam em evidência uma série de transformações históricas, políticas e antropológicas que fazem explodir as narrativas tradicionais do regime patriarcal. A irrupção de uma pluralidade de identificações sexuadas, posições generizadas e modos de organização das trocas sexuais demanda uma consideração minuciosa dos processos atuais de subjetivação. O abalo das topografias instituídas (Butler, 2006) revela um questionamento das categorias imperantes até o presente para a interpretação das sexualidades, os gêneros e as sexuações. A visibilização de composições, ambiguidades e hibridações ignoradas – excluídas – até agora fazem explodir as fronteiras, classificações e práticas legitimadoras dos dispositivos hegemônicos: crianças que apresentam uma posição de seu gênero autopercebido em aparente discordância com o sexo anatômico atribuído no momento do nascimento, sujeitos que desobedecem à dicotomia excludente masculino/feminino e instituem novas alternativas de identificação genérica não binária ou fluida, jovens que desdobram trajetórias homo e heteroeróticas sem que essas orientações desejantes se excluam entre si ou provoquem conflito, pessoas travestis, trans e intersexuais que rejeitam o mandato corretivo de submeterem seus corpos a tratamentos médicos ou intervenções cirúrgicas que os tornem mais aceitáveis para os imaginários dominantes, coletivos que defendem o direito de escolha da posição sexuada como condição para a construção de uma comunidade igualitária, entre muitas outras apresentações.

Esses existenciários das subjetividades sexuadas contemporâneas (Fernández & Siqueira Pérez, 2013) não representam simplesmente outras possibilidades nas formas de vivenciar a sexualidade – que, por outro lado, nunca deixou de produzir pontos de fuga em relação aos mandatos disciplinares –, mas anunciam transformações antropológicas de ampla abrangência. Implicam, portanto, modificações nos processos de produção de subjetividades cuja incidência não se restringe à sexualidade, mas afeta as configurações humanas como as conhecemos até o presente e denunciam a paulatina fratura da ordem sexual moderna.

Neste panorama em mutação, cujas variações não podem ser atribuídas negligentemente ao triunfo do discurso da ciência no capitalismo globalizado ou ao desfalecimento da lei na hiper ou pós-modernidade, certa psicanálise se broquela em concepções que não apenas entram em sintonia com discursos reacionários, mas que deixam es praticantes desprovides de ferramentas teóricas e práticas para a compreensão do sofrimento psíquico e sua resolução.

Nessa direção, percebe-se que persiste uma suposição tácita acerca da orientação desejante em função da qual o ideal heterossexual continua sendo erigido como parâmetro de normalização da escolha de objeto. E, embora tenham ocorrido avanços quanto a objetar a equiparação – sustentada por demasiado tempo – entre homossexualidade e perversão, essa correspondência ainda se propaga em numerosos claustros analíticos e acadêmicos sem que as contradições internas da teoria e o correlato com a clínica sejam suficientes para minar uma equivalência tão errônea. Esta preconcepção, mesmo que revestida por rebuscadas expressões afrancesadas, alimenta o interesse em explicar as particulares vicissitudes que conduziriam à homossexualidade, sem que a mesma exigência se imponha para dar conta da conformação da escolha heterossexual de objeto. Da mesma forma, a homossexualidade é obstinadamente associada ao trauma infantil – quando não ao abuso sexual –, à ausência do pai ou ao excesso da mãe – ou a seus opostos – com o propósito de se localizar o fator decisivo que teria desencaminhado uma sexualidade que, se não tivesse recebido tal influxo, teria enveredado na direção implicitamente esperada: a heterossexual, claro. Para tanto, basta revisar superficialmente as apresentações clínicas que se realizam nas instâncias de troca entre psicanalistas para observar que o homoerotismo costuma ser submetido ao estatuto do caso, sem que idêntico recurso seja aplicado ao discernimento da heterossexualidade, cuja constituição sexuada não demandaria exposição nem desconstrução alguma, em contradição com aquela indicação de Freud em que ele assinalava:

> *A investigação psicanalítica se opõe decididamente à tentativa de separar os homossexuais das outras pessoas, como um grupo especial de seres humanos. Estudando outras excitações sexuais além daquelas manifestadas abertamente, ela sabe que todas as pessoas são capazes de uma escolha homossexual de objeto e que também a fizeram no inconsciente .... Na concepção da psicanálise,*

> *portanto, também o interesse sexual exclusivo do homem pela mulher é um problema que requer explicação, não é algo evidente em si. (Freud, 1905/2016, pp. 34-35)*

A isso, soma-se uma banalização no entendimento da escolha de objeto, como se de fato se tratasse de um ato volitivo imputável ao sujeito. A orientação do desejo erótico não decorre de uma opção deliberada em nenhum caso – seja essa opção hétero, homo, bi ou suas dominâncias e variantes possíveis –, mas de um conjunto de determinações psíquicas produzidas em função da história libidinal na que se fraguam os destinos singulares da sexualidade. Não existe eletividade em termos do inconsciente – porquanto ele carece de intencionalidade e vontade –, mas apenas em relação ao eu, que irá definir, a partir das referidas determinações, de que maneira se situará em relação ao desejo, a si mesmo e ao mundo.

Um impasse desse tipo se torna evidente na patologização a priori de toda posição genérica que não se subordine às classificações restritivas da masculinidade ou feminidade cisnormalizadas. Todas aquelas formas de posicionamento identitário que não se adequam aos imperativos disciplinares são rapidamente lançadas para o campo da anormalidade e da patologia. O discurso psicanalítico que replica essas concepções se arroga um domínio sobre os caminhos prescritos e proscritos da sexualidade, suas possibilidades de nominação e sua inteligibilidade:

> *... é no mínimo curioso que todas as novas figuras dos arranjos sexuais ou familiares, que são fenômenos sociais, tenham sido, sem exceção, inicialmente patologizados de maneira sistemática utilizando-se o vocabulário da psicanálise, como se a mudança das normas fosse, como tal, a priori, patológica. No entanto, as normas*

> *que prevaleciam até então e que foram subvertidas pela exigência de liberdade ou de igualdade eram, como se sabe, a fonte de uma patologia endêmica que, pelo visto, foi esquecida. (Tort, 2016, p. 51)*

A batida assimilação entre transexualismo e psicose, a partir da qual se continua insistindo numa inapropriada extensão do modelo schreberiano, comporta uma das formulações prototípicas dessa operação de desconhecimento que exibe tanto uma simplificação injustificada metapsicologicamente quanto uma proposta dessubjetivante que não respeita a complexidade das determinações erógenas, desejantes, fantasmáticas e ideológicas nas que se inscrevem os processos de constituição sexual (Blestcher, 2017b). Para aqueles que concebem a "transexualidade" – termo utilizado para designar uma categoria aglutinante de uma multiplicidade de posições identificatórias cuja diferenciação parece não ter fim – como uma psicose, seja deflagrada ou não, toda fundamentação se restringe a unir os elos da foraclusão, empuxo-à-mulher, irrupção deslocalizada do gozo no corpo e confusão irredutível entre o significante e o órgão. Dali decorreria essa "estranha certeza" que François Ansermet (2014) considera exemplar da transexualidade, pela qual o sujeito rejeitaria definitivamente a anatomia imposta pelo seu nascimento e, subjetivamente, não se alinharia do lado da diferença[3]. Isso conduziria, portanto, à suposição de que a diferença

3 No mesmo texto citado, Ansermet (2014) afirma: "Na perspectiva transexual-transexualidade, transgênero, transidentidade – as terminologias ainda são provisórias – as cartas estão na mesa. O sujeito . . . se sabe diferente e quer ir ao encontro dessa diferença na qual ele acredita; *não mais aborda a diferença a partir da anatomia que determinaria seu destino, mas a partir de uma posição subjetiva*. Decididamente, a diferença dos sexos é abordada além da diferença anatômica . . . . O que caracteriza o transexual é a certeza de ter nascido com uma falsa anatomia. Ele está convencido de não ser do sexo que a sua anatomia lhe atribui. Esta certeza se apresenta como absoluta" (p. 2, grifo nosso).

só se inscreve pela sua subordinação à cisnorma, encontrando-se seu substrato último na anatomia. Não estaríamos – continuando com a nossa interrogação – diante de uma confusão entre o órgão e o significante ou incorrendo numa recaída no essencialismo – um essencialismo paradoxalmente significante? Como poderia se encontrar a diferença na anatomia a não ser em virtude dos enunciados que a constroem como tal e que respondem apenas a um discurso entre os diversos discursos possíveis na cultura?

No caso das infâncias e adolescências travestis ou trans, a essa patologização decidida do sujeito vem se somar o apelo ao estrago materno. Não poderiam mesmo faltar as mães: fálicas, crocodilos, alienantes, psicotizantes ou simplesmente doidas! E não cabe recorrer à distinção entre agente e função como álibi, visto que, nos fatos, o estrago materno é monotonamente imputado às mães.

Entre outros desenvolvimentos que se assentam nessa postura, é possível encontrar afirmações como esta:

> *Violência de gênero, pornografia, abuso sexual infantil e transexualismo são sintomas da nossa atualidade que, a partir da psicanálise, lemos como respostas ao*

Além da inapropriada sobreposição entre sexo anatômico, diferença sexual e gênero, quando o autor reafirma a anatomia como destino, quem é que bota as cartas na mesa? E, além disso, de quem fala quando se refere ao "transexual"? Nesta mesma linha de pensamento, é possível responder a esta última pergunta: "Ao não se reconhecer tal como ele é, pretende ser outro por meio da mudança de identidade. O sujeito em desacordo radical com o sexo do seu corpo está à procura não apenas de outro corpo, mas de outra identidade. Eles ["os transexuais"] costumam se reunir, quando são adultos, numa série de grupos ativistas que executam algumas ações para defender seus direitos. Eles também frequentam locais, bares gay-trans, onde celebram a solução transexual . . . . *Os transexuais são uma entidade separada, à diferença de outras diversidades sexuais – como os homossexuais, travestis, fetichistas – porque colocam em dúvida a identidade ao rejeitarem seu pertencimento sexual*" (Marchesin, 2018, p. 3, grifo nosso).

> *mal-entendido dos sexos . . . . No travestismo, a relação com o falo se torna imperiosa, há um sobreinvestimento fálico.* O travesti, sendo homem fantasiado de mulher, procura o partenaire com seu falo escondido sob a roupa, *ou seja, ele não escamoteia o encontro sexuado. Já para o transexual que exige a intervenção cirúrgica, ao não falicizar o órgão, tal encontro se torna um obstáculo. (Greiser, 2019, p. 3, grifos nossos)*

Quem já teve, como nós, a experiência de acompanhar pessoas travestis, transexuais e transgêneros no decurso de suas análises não pode compartilhar esse preconceito, já que – como em todo sujeito – as formas de exercício da sexualidade ou os posicionamentos identitários não definem por si mesmos nem a estruturação psíquica dessas pessoas nem sua eventual psicopatologia (Blestcher, 2017b).

Essas formulações são o testemunho de que certa psicanálise não permaneceu alheia ao dispositivo moderno da sexualidade,[4] tendo participado (e está participando ainda) inclusive da reprodução de suas normatizações. A *ordem sexual moderna* construiu um imaginário que escoou desejos, moldou corpos, forjou erotismos e distribuiu gozos a partir de um processo de produção subjetiva alicerçado em lógicas androcêntricas e cis-heterossexistas que garantiram o império do dogma paterno (Tort, 2011). Em função delas, as variações das sexualidades e os gêneros ficaram esganadas numa série de dicotomias asfixiantes: homem ou mulher, masculino ou feminino, ativo ou passivo, heterossexual ou homossexual. A cristalização dessas oposições excludentes promoveu um achatamento da compreensão da heterogeneidade de estratos da vida psíquica e da diversidade de experiências subjetivas.

4 E seus discursos normatizantes, repressores e francamente homolesbotransfóbicos.

Esses dispositivos não apenas delinearam propostas identificatórias para as subjetividades construídas sob seu primado, mas legitimaram desigualdades e promoveram violências cujos efeitos dramáticos ainda padecemos. A partir desse discurso, foi dada como certa a forçosa e forçada concordância entre *sexo biológico*, *gênero* e *orientação do desejo* – seja concebendo-a como algo natural ou como algo necessário em termos estruturais – e foi definido um critério de normalidade em função da suposta correspondência entre esses elementos. Desde então, a sexualidade passou a constituir o vetor decisivo em torno do qual se organizava a identidade, que devia se manter fixa, estável e inalterada ao longo da vida. Todo desvio, alternância, ambiguidade, mistura ou vacilação em relação a essa norma só poderia configurar o indicador da patologia – psíquica, moral ou ambas.

Se o gesto freudiano denunciou os mal-estares provocados pela moral sexual cultural mediante os diferentes mecanismos repressores – legitimados pelos aparelhos disciplinares médicos, jurídicos e religiosos –, a posição analítica deve também perceber a infiltração – em certa medida inevitável – dos modos históricos de subjetivação em suas teorizações e práticas para evitar sua reprodução permanente e o incremento das violências e padecimentos gerados por esses aparelhos de normatização. Trata-se de um empuxo-à-norma que, longe de ter um efeito pacificador, intensifica as mortificações, reforça a alienação e reduz drasticamente a potencialidade desejante. É justamente por isso que consideramos imperioso o exercício de uma desconstrução sistemática que nos conduza a submeter nossas formulações ao teste metapsicológico, evitando sua ideologização.

No contexto de uma polêmica crescente, alguns analistas pretendem driblar as objeções a suas afirmações pela via de uma recusa des interlocutores que as realizam. Quanto às interpelações expostas pelos feminismos ou os estudos de gênero, muitas respostas tentam neutralizar as críticas atribuindo-as ao desconhecimento ou ao viés próprio da ideologia. Dessa maneira, numa curiosa manobra de inversão dos termos, aqueles que defendem os enunciados mais reacionários da psicanálise se apresentam como "politicamente incorretos" – o que atestaria uma suposta virtude, liberdade de pensamento ou neutralidade – em relação àqueles que hoje, segundo eles, sustentariam um discurso com ambição de hegemonia. Inclusive, numa aliança com certos discursos morais, não se privam de definir essas perspectivas críticas em termos de "ideologia de gênero". Valeria a pena analisar os procedimentos, aparentemente despercebidos, a partir dos quais certos enunciados psicanalíticos funcionam como significantes mestres, alçando-se como fórmulas inquestionáveis que confundem as categorias teóricas com o real existente e acabam por ideologizar uma leitura que se gaba de ser despreconceituada ao mesmo tempo que se compraz nessa mesma estranha certeza que é demonizada quando se trata de dissidências sexuais e suas identidades.

O mosaico identificatório como matriz psíquica do gênero

A teoria da sexualidade, ponto de amarração da conceituação e da prática psicanalítica, não ficou à margem das anomalias que descrevemos. Como foi apontado, numerosas categorias psicanalíticas relativas à sexualidade se viram infiltradas tanto pelos modos singulares de fantasmatização daqueles que se aproximaram da experiência da análise – dos dois lados do divã – quanto pelos discursos e imaginários que marcam os processos histórico-sociais de produção de subjetividades.

Um lastro particularmente gravoso e ainda eficiente foi claramente exposto por Paul B. Preciado (2020) numa recente apresentação dirigida a psicanalistas: a subordinação da psicanálise a uma "epistemologia da diferença sexual" embasada, por sua vez, numa ontologia binária:

> *Em primeiro lugar, direi que o regime da diferença sexual que vocês consideram universal e constituinte, sobre o qual repousa e se articula toda a teoria psicanalítica, não é uma realidade empírica nem uma ordem simbólica que subjaz à estrutura do inconsciente, mas apenas uma epistemologia do ser vivo, uma cartografia anatômica, uma economia política do corpo e uma gestão coletiva das energias desejantes e reprodutivas, uma epistemologia historicamente situada que se forja junto com a taxonomia racial no momento da expansão mercantil e colonial da Europa e que se cristaliza durante a segunda metade do século XIX. Essa epistemologia, longe de ser a representação de uma realidade, é uma máquina performativa que produz e legitima uma ordem política e econômica específica: o patriarcado heterocolonial. (pp. 59-60)*

Não é o propósito deste escrito desenvolver os questionamentos provocativos e estimulantes da intervenção de Preciado que convidam a um processo de despatriarcalização, des-heterossexualização e descolonização da psicanálise. Antes, interessa retomar de que maneira poderiam se pensar as dissidências sexuais e de gênero no marco de uma metapsicologia que permita evidenciar os preconceitos e estereótipos sustentados no regime mencionado.

Um primeiro esclarecimento necessário reside na abrangência que é atribuída às dissidências de gênero que vimos mencionando. Não é infrequente que, ao se referirem à transgeneridade, determinadas propostas psicanalíticas a reconduzam às fórmulas da sexuação, aos modos de gozo ou, nalguns casos, diretamente ao sexo. Quando uma pessoa se define em termos *trans* não alude com isso ao sexo anatômico que lhe foi atribuído no nascimento, nem a uma anatomia imaginária que reproduziria um dado supostamente biológico, nem à diferença dos sexos que rege os processos de sexuação, nem tampouco a suas modalidades particulares de gozo – motivo pelo qual resulta no mínimo esquivo o apelo a um "gozo transexual" sem a formulação de sua contrapartida, um "gozo cissexual"; essa pessoa descreve, pelo contrário, uma posição de gênero em termos identitários. Por um lado, ela se inscreve em categorias de caráter político que provêm de uma longa tradição de lutas e conquistas sociais; por outro lado, reconduz à trama identificatória na qual o eu se situa como representação de si.[5]

---

5 Concordamos com Thamy Ayouch quanto ao argumento de que as célebres fórmulas da sexuação não dão conta da especificidade das transidentidades nem são suficientes para avançar além do binarismo endêmico da teoria:

> "As fórmulas da sexuação pretendem definir uma postura masculina e uma feminina quanto à relação com o falo e com o gozo. Dali é deduzida uma diferença dos sexos de maneira alguma naturalizada e anatômica, mas proveniente da organização simbólica estrutural na qual ocorre a relação com o falo. No entanto, ainda que, por um lado, essas fórmulas abandonem a referência a um sexo definido naturalmente, visível na diferença anatômica, elas não deixam de invocar um grupo universal: 'os homens' e 'as mulheres' . . . . o problema continua sendo a binaridade de uma diferença que, em definitivo, se funda no reconhecimento de dois gêneros – homens, mulheres – inscritos irredutivelmente na história" (Ayouch, 2016, p. 109).

A essas reflexões acrescentamos que definir essas posições como "masculina" ou "feminina", ainda quando se pretenda escrevê-las como significantes vazios – e, portanto, passíveis de serem ocupadas por qualquer sujeito –, implica recorrer a termos altamente conotados devido à sua sedimentação semântica e histórica. Isso promove uma imaginarização recorrente que reforça os rígidos esquemas do sistema sexo/gênero.

As representações de gênero articulam enunciados, pautas, crenças e ideais que atribuem não apenas atributos, mas também posições psíquicas e sociais. Nesse sentido, elas se situam na confluência de múltiplos fatores determinantes das subjetividades que acentuam seu caráter eminentemente relacional e dão conta de um arranjo performativo (Butler, 2002) que se reproduz cotidianamente por meio de práticas e dispositivos de subjetivação.

Os enunciados de gênero se inscrevem psiquicamente e correspondem ao regime identificatório, motivo pelo qual resulta pertinente imbricar as determinações genéricas no processo de conformação das subjetividades sexuadas, assinalando sua incidência nas sexuações e avatares dos posicionamentos sexuais e identitários com os quais nos deparamos na clínica e na cultura.

Para isso, cabe lembrar que o gênero, em termos identificatórios, não inclui a sexualidade no sentido estrito das nossas teorizações. A sexualidade pulsional como um a mais de prazer irredutível à ordem vital das necessidades de autoconservação do indivíduo, constituída em suas origens a partir da pulsação primária des outres, não se subordina à função genital nem se encontra comandada pela finalidade reprodutiva (Bleichmar, 2014). O sexual se inscreve a partir da implantação pulsional des outres nos primórdios da vida da cria humana. Sua instalação dá origem ao objeto-fonte da pulsão e faz explodir precocemente as linhas adaptativas, curto-circuitando toda possibilidade de resolução da excitação psíquica pelas vias biológicas. A função sexualizante des adultes introduz um excedente excitante proveniente da sua própria sexualidade inconsciente que se infiltra nos cuidados precoces dispensados à cria (Bleichmar, 1993). A partir de então, uma vez inscrita a pulsão como motor do anímico, não só a vida representacional se funda no psiquismo incipiente do sujeito infantil, mas são desencadeados os processos de transcrição e retranscrição que irão organizar seus destinos numa tópica destinada ao traumatismo e ao *après-coup*.

Junto com esta operatória pulsante des outres que instala a sexualidade, exerce-se também uma função narcisizante por meio da qual, a partir de suas próprias representações egóicas, cria condições de ligação da excitação inscrita a partir do transvasamento narcísico que permite o reconhecimento do sujeito infantil como semelhante e diferente. Dessa forma, irá surgir, no psiquismo incipiente das crianças, uma série de vias colaterais que operarão como ligames e inibições da circulação desenfreada e compulsiva da excitação pulsional.

Recuperar esta concepção ampliada da sexualidade permite constatar que sua total sujeição resulta impossível. O caráter parcial, paragenital e parassubjetivo da pulsão, inclusive quando instalado o recalque originário que sepulta seus representantes autoeróticos no inconsciente, ameaça permanentemente a malha que liga o eu. A sexualidade pulsional insiste além – ou aquém, por sua antecedência – das coagulações identitárias e das organizações defensivas que perseguem seu domínio e normatização, excede as regulações sociais que organizam os arranjos entre os gêneros e extravasa a genitalidade pela diferença dos sexos, sem se normatizar numa síntese harmônica isenta de conflito:

> *. . . a sexualidade não é um caminho linear que vai da pulsão parcial à assunção da identidade, passando pelo estádio fálico e o Édipo como marcos do seu percurso, mas ela se constitui como um complexo movimento de montagens e ressignificações, de articulações provenientes de diversos estratos da vida psíquica e da cultura, das incidências da ideologia e das moções desejantes, sendo preciso, então, dar a cada elemento seu peso específico. (Bleichmar, 2014, p. 254)*

Da mesma forma, o sexual não se reduz às modalidades de organização ideológica que, em diferentes momentos da história e das sociedades, regem a dicotomia entre masculinidade e feminidade – ou entre as diversas alternativas de atribuição de gênero no caso daquelas que não se limitam a esse binômio, habilitando outras possibilidades de posicionamento de gênero além do binário.[6] Como mostram os desenvolvimentos da antropologia e da etnologia contemporâneas, a partição dual dos gêneros não constitui um universal, mas apenas um entre outros modos de representação coletiva. Nesse sentido, Laplanche (2007) assinala:

> *O gênero é plural. Costuma ser duplo, com masculino-feminino, mas não é assim por natureza. Frequentemente é plural, como na história das línguas e na evolução social . . . . O sexual é múltiplo, polimorfo. Descoberta fundamental de Freud, encontra seu fundamento no recalque, o inconsciente, o fantasma. (p. 153)*

Se a inscrição psíquica do gênero diz respeito ao estatuto das identificações, a diversidade das identidades sexuadas não pode ser confundida com a disposição perversa polimorfa da pulsão sexual na infância (Blestcher, 2017a). Tal polimorfismo se refere à grande variedade de formas em que as pulsões sexuais infantis encontram sua satisfação sem se importar com o objeto, na medida em que

6 E, como aponta Butler (2006): "Assumir que o gênero implica única e exclusivamente a matriz do 'masculino' e do 'feminino' é precisamente não compreender que a produção da coerência binária é contingente, que tem um preço, e que aquelas permutações do gênero que não combinam com o binário fazem parte do gênero tanto quanto seu exemplo mais normativo . . . . O gênero é o mecanismo pelo qual são produzidas e naturalizadas as noções do masculino e do feminino, mas o gênero também poderia ser o aparelho por meio do qual esses termos podem ser desconstruídos e desnaturalizados" (p. 70).

ainda não se erigiram os diques anímicos (nojo, vergonha, moral e compaixão) que haverão de canalizar e inibir sua descarga direta (Freud, 1905/2016). Essa condição perversa é própria da pulsão, não do sujeito nem das formas identificatórias com as quais se articula a representação egoica:

> *A pulsão tem uma* disposição *originária e universal para a perversão, e isto só se define por* après-coup. *No momento de sua inscrição, a pulsão não é nem parcial nem perversa, apenas é. Que a criança seja compulsada por essa inscrição a satisfazer autoeroticamente essa tensão – em seu corpo erógeno, fragmentado pelo prazer e não unificado ainda pelo eu – não tem outro destino que a fixação e o recalque disso no inconsciente; isto é o fundamental. (Bleichmar, 1993, p. 198, grifo da autora)*

Esta análise volta a colocar em primeiro plano a irredutibilidade da sexualidade pulsional em relação às posições identitárias, as representações de gênero e as polarizações eróticas da escolha de objeto:

> *. . . na medida em que não há uma integração pulsional que se resolva na relação com o objeto de amor, homo ou heterossexual, mas que a pulsão continua aí, insistindo, de forma paragenital, há uma série de aspectos pulsionais totalmente autoeróticos . . . . O que caracteriza a pulsão é o autoerotismo, e o autoerotismo não é homo nem hétero . . . . Porque em sua parcialidade não está colocado em jogo numa relação; o homo ou o hétero está definido por uma completitude do objeto em relação ao reconhecimento da diferença. (Bleichmar, 2014, p. 289)*

A chamada "identidade de gênero", na medida em que se configura a partir de enunciados identificatórios, não se apresenta a nós como um a priori nem como uma representação existente desde o início, mas como o resultado de uma construção complexa que corresponde à tópica do eu. A atribuição de gênero remonta às propostas identificatórias que partem da fantasmatização dos atributos sexuais no imaginário parental. Essa atribuição é da ordem da cultura e não é definida exclusivamente nem pela biologia[7] nem pelo fantasma individual des adultes, mas é atravessada por um conjunto de significações historicamente sedimentadas:

> *Por meio dessa atribuição de gênero, o adulto, sabendo disso ou não, confronta a criança com tudo o que pode existir de ambíguo na diferença anatômica de sexos e no sexual, e isto em razão de suas próprias ambivalências, incertezas e conflitos internos. (Dejours, 2003, p. 61)*

Portanto, a atribuição de gênero não é uma simples determinação social transmitida pela instância parental nem se encontra determinada apenas pelas constelações narcisistas des adultes, mas está comprometida por sua sexualidade inconsciente como sujeitos psíquicos clivados (Laplanche, 2007).

Como explicitamos anteriormente, da perspectiva da constituição do psiquismo, a inscrição dos enunciados de gênero se produz pela

7 A anatomia à que se apela como substrato para a atribuição de sexo não remete a um mero dado natural de índole biológica nem a um pré-formado pretensamente real, mas à construção de um referente no qual já foi depositado um conjunto de coagulações discursivas que produzem seu recorte significante: "compreender o gênero como uma categoria histórica é aceitar que o gênero, entendido como uma forma cultural de configurar o corpo, está aberto à sua contínua reforma e que a 'anatomia' e o 'sexo' não existem sem um marco cultural" (Butler, 2006, p. 25).

via das identificações. A identificação é uma operação fundamental que origina as condições para se instituir a subjetividade e estrutura a base sobre a qual se afirma a identidade como conjunto de enunciados nos quais o sujeito reconhece a si mesmo como existente no marco da ligação libidinal com o semelhante (Bleichmar, 1995). Esse reconhecimento identitário repousa sobre uma representação de si que, se bem não sutura a divisão estrutural da tópica, cria condições de estabilidade e permanência para a argamassa que liga o eu.

É preciso salientar que, nesse processo, as identificações não se definem por relação aos objetos reais nem por mera pregnância do registro do olhar, mas por sua ligação com as formas representacionais e linguageiras com as quais se organizam as circulações simbólica e libidinal com outros significados. Trata-se de um verdadeiro "projeto identificatório" (Aulagnier, 1997) que, oferecido ao sujeito infantil, criará as condições para "a autoconstrução contínua do Eu pelo Eu, necessária para que esta instância possa se projetar num movimento temporal, projeção da que depende a própria existência do Eu" (pp. 167-168).

Enquanto o autoerotismo corresponde ao primeiro tempo da vida sexual, "a identificação é um tempo segundo na constituição sexual do sujeito, correlativo à instauração do narcisismo e estruturante do eu" (Bleichmar, 1995, p. 203). Não se refere, portanto, à constituição do inconsciente, mas à tópica egoica. Nesse sentido, a instauração da clivagem tópica por meio do recalque originário que funda o inconsciente sepulta os representantes pulsionais do autoerotismo e propicia a organização do narcisismo, constituindo o requisito fundamental para a inscrição das identificações primárias.[8]

---

8 José Gutiérrez Terrazas trabalhou de maneira formidável os fundamentos metapsicológicos da identificação em sua palestra "O recalque é uma condição de todo processo identificatório", apresentada no 4º Colóquio Jean Laplanche, realizado em Gramado, Brasil, em 1998.

> *a identificação é uma questão do sujeito, não do inconsciente originário, ainda quando aspectos da identificação possam ser recalcados secundariamente em razão da existência de aspectos inconscientes do eu e de enunciados parentais ligados a esses aspectos cujo destino é dessa ordem. (Bleichmar, 1995, p. 204)*

Não concebemos a identificação como um alinhamento do sujeito no desejo/discurso de outros, visto que não existe uma identidade preexistente que se veria alienada; nem tampouco como uma simples incorporação passiva em que se internalizariam linearmente suas propostas identificatórias, na medida em que não existe homotetia estrutural entre instância parental e psiquismo infantil. Aqueles enunciados e atributos que haverão de se inscrever psiquicamente respondem a um complexo processo de metábole em virtude do qual aquilo que ingressa no psiquismo do exterior se decompõe, desqualifica e recompõe conforme um processamento singular, dando origem a um produto novo.[9] Em função disso, resulta extremamente pobre, além de errado, atribuir o posicionamento de gênero das crianças travestis ou trans a um desejo – geralmente materno –, ora mais ou menos inconsciente, de signo contrário ao reconhecimento do sexo anatômico atribuído: "desejar um menino lá onde

---

9 Embora o próprio Freud tenha afirmado que "Bem mais difícil é fazer uma apresentação metapsicológica nítida dessa diferença. Percebe-se apenas que a identificação se empenha em configurar o próprio Eu à semelhança daquele tomado por 'modelo'" (Freud, 1921/2011, p. 49), cabe recuperar o matiz introduzido por Gutiérrez Terrazas na comunicação mencionada:

> "Mas sempre contando com que o outro adulto abriu esse caminho para ele ou lhe deu vazão por meio da conjunção narcisista, em cujo caso se pode falar certamente de uma apropriação direta por parte do sujeito infantil de algo que o outro lhe deu, embora essa apropriação seja sempre à semelhança ou uma analogia do modelo oferecido pelo outro e leve, além do mais, a marca própria de um processo metabolizador" (palestra apresentada no 4º Colóquio Jean Laplanche, Gramado, 1998, p. 18).

nasceu uma menina" ou vice-versa seriam expressões exemplares dessa simplificação. Essa formulação pressupõe erroneamente que a identificação se explica a partir dos desejos e fantasmas des adultes assimilados de maneira direta no marco de uma dinâmica alienante que se precipita numa *folie à deux*.

Os enunciados que haverão de configurar o posicionamento de gênero por via das identificações primárias configuram conteúdos nucleares da representação egoica e se inscrevem com anterioridade ao reconhecimento da diferença anatômica dos sexos. Por isso, uma vez que se inscrevem metabolicamente e estabilizam a argamassa representacional do eu, não podem ser desmantelados a não ser sob o risco de desencadearem uma desestruturação psíquica. Se outorgamos preeminência aos componentes ideacionais da representação de si em relação ao sexo anatômico atribuído no nascimento[10], renunciando à pretensão normatizante de estabelecer uma concordância ineludível, as identificações de gênero poderão se caracterizar como cis, trans, travestis, não binárias ou outras, sem que disso decorra obrigatoriamente um parecer em relação à saúde ou patologia do sujeito:

> *Como em todo ser humano, a identidade funciona como uma espécie de "imprinting" invertido: proposta pelo outro, metabolizada de uma forma ou outra, o modo como é estabelecida a combinatória complexa entre desejos e referências discursivas definirá seu destino. A identidade sexual, ameaçada sempre pelos desejos contraditórios impulsionados pelo inconsciente, deve, no entanto, alcançar uma certa estabilidade que não*

10 Nesse sentido, concordamos com Silvia Bleichmar (2014) quanto a que, por se tratar de uma adscrição da ordem da cultura, "o peso da representação sempre será maior do que o da biologia na atribuição do sexo" (p. 223).

> *dependa da escolha amorosa ou genital de objeto amoroso, mas dos modos pelos quais o sujeito se institua no interior de uma rede simbólica que o sustente sem asfixiá-lo. (Bleichmar, 2006, pp. 216-217)*

Até agora, e embora os processos de produção de subjetividades sexuadas se encontrem em franca mutação, os atributos de gênero ocupam uma posição central na sustentação do conglomerado representacional do eu. Esses enunciados situam o sujeito em sua referência às categorias sociais que cada época oferece segundo os processos dominantes de subjetivação, mas não subsumem definitivamente nem esgotam uma sexualidade pulsional cuja normatização sem resto se revela inatingível. Ao mesmo tempo, é possível perceber deslizamentos, deslocalizações e misturas que delineiam trajetórias identificatórias múltiplas, variáveis e fluidas, representações de gênero que fogem aos parâmetros normativos e mudanças nas composições identitárias que não causam – como alguns previam – perdas de ancoragens subjetivas nem processos de desorganização psíquica.

Mais tarde, as identificações secundárias edipianas e pós-edipianas irão enriquecer a representação egoica, dotando-a de atributos e caracteres derivados da renúncia aos objetos primordiais e participarão na conformação das instâncias ideais. Tanto no ideal do eu quanto no supereu se inscrevem mandatos, imperativos e enunciados que possuem vieses de gênero e traçam as frases de promessa que se projetam como representações ideais que impõem modelos para o eu em termos do seu dever ser.

Essa trama identificatória pode ser comparada com a figura do mosaico: uma composição que se apresenta como relativamente unitária mesmo que se trate da combinatória de uma multiplicidade de fragmentos. Esse símile pode se associar à ideia introduzida por Lacan (1998) em sua alusão ao estádio do espelho, quando o autor menciona "a matriz simbólica em que o [*eu*] se precipita numa forma primordial" (p. 97), sob a condição de não a reduzir a sua dimensão especular e imaginária. No que se refere à chamada "identidade de gênero" – seja definida como cis, travesti, trans, não binária, fluida ou outras –, embora possa ser imaginarizada como uma unidade em função da tendência do eu à síntese, é o efeito da disposição de identificações diversas, heterogêneas e até contraditórias e móveis. Esse mosaico identificatório, que opera como sustentáculo representacional para o eu e o suporte das crenças que animam sua própria existência como sujeito, reúne as pegadas da história da sua constituição:

> *. . . o Eu está constituído por uma história, representada pelo conjunto dos enunciados identificatórios dos que guarda lembrança, pelos enunciados que manifestam em seu presente sua relação com o projeto identificatório e, por último, pelo conjunto dos enunciados em relação aos quais ele exerce sua ação repressora para que eles se mantenham fora do seu campo, fora da sua memória, fora do seu saber. (Aulagnier, 1997, pp. 174-175)*

Esse tecido identitário no qual o sujeito se instala deve ser respeitado como condição de estabilidade estrutural e só interrogado quando a equilibração da tópica se encontrar em risco ou se virem empobrecidas suas melhores possibilidades de realização subjetiva.[11]

---

11 Como afirma Bleichmar (1995): "Sem desconhecer que certas identificações, por seu caráter patológico e gerador de sofrimento, devem ser necessariamente submetidas a revisão e desconstrução no processo clínico, e reconhecendo que o aspecto 'alienação' está sempre presente numa neurose, é necessário alertar quanto a que levar essa proposta até as últimas consequências, chegando-se ao extremo de propor essa desidentificação como eixo da clínica, suporia perder de vista a função de tais identificações, que, instaladas no cerne do próprio

A partir de uma compreensão metapicológica, é possível superar a armadilha do binarismo cissexual como único parâmetro para a subjetivação e da consequente patologização das dissidências sexo-genéricas. Suspender a epistemologia da diferença sexual permite contemplar a existência de múltiplos existenciários e posições sexuadas sem replicar os esquemas de normatização.[12] O conteúdo das identificações pode ser diverso, variável e díspar, marcado pela multiplicidade e a hibridez (Ayouch, 2020) e atravessado por linhas de tensão intrapsíquica que não se harmonizam numa estrutura uniforme desprovida de fissuras.

Consideramos que uma alternativa mais fecunda para orientar a compreensão clínica dos processos de constituição psíquica e das modalidades de composição identitária pode se encontrar no discernimento do estatuto psíquico e na modalidade das identificações,

---

eu, ocupam um lugar privilegiado como elementos de contrainvestimento de desejos recalcados cuja emergência é angustiante para o sujeito em questão" (p. 207). Um desmantelamento identificatório dessa índole termina por conduzir a um arrasamento do sujeito, como já observamos também em casos de traumatismos graves e catástrofes sociais.

12 Um debate aprofundado do estatuto da diferença sexual na psicanálise requer contemplar que essa – como toda diferença – só é pensável a partir do processo secundário e das categorias que estruturam a lógica do pré-consciente. Nesse sentido, assim como não existe diferença no real – seja este concebido como aquilo exterior existente que ingressa no psiquismo ou como o Real como impossível lógico –, a diferença também não é uma questão que diga respeito ao inconsciente em sentido estrito. Daí que Preciado, na intervenção citada, chame a atenção para uma problemática crucial caso se pretenda desmontar o regime binário da epistemologia da diferença sexual: a revisão da tese que sustenta o inconsciente como estruturado como uma linguagem.

> "Lacan tenta, como John Money, desnaturalizar a diferença sexual, mas, também como Money, acaba produzindo um metassistema – uma equação topológica – que é quase mais rígido que a noção de diferença anatômica sexual . . . . Em Lacan, tal metassistema também não é anatômico, mas é o do inconsciente, estruturado como uma linguagem... um sistema de diferenças que não foge ao binarismo sexual nem à genealogia patriarcal do homem" (Preciado, 2020, pp. 77-78).

muito mais que em seu conteúdo e em sua concordância ou não com a suposta norma. Cabe recuperar para isso a distinção metapsicológica entre identificação e mimese.

A noção de *mimese*, *identificação mimética* ou *identificação adesiva* (Meltzer, 1979, 1986) foi introduzida para designar certas identificações narcísicas que dão lugar a fenômenos de imitação que só refletem aspectos superficiais dos objetos. Estas formas patológicas da identificação possuem um caráter defensivo em face de estados de desmembramento, angústias catastróficas ou desmantelamento passivo em decorrência do fracasso na instalação da função aglutinadora e continente do objeto (Hinshelwood, 2004). Nesses casos, a identificação fica reduzida, em termos imaginários, a uma dimensão imitativa que outorga uma espécie de invólucro superficial com o que se procura suprir as falhas na organização da membrana egoica. Esta espécie de arremedo do outro sem transformação nem recomposição simbólica assume a forma de uma "segunda pele" (Bick, 1968).

Se bem que, no início, tenham sido descritas em patologias precoces como o autismo, essas modalidades identificatórias podem auxiliar no esclarecimento de numerosas apresentações clínicas nas quais a dominância da imitação pode ser pensada como procedimentos para conservar certa organização da malha egoica a partir da incorporação em superfície dos traços des outres. Nesses casos, como afirma Silvia Bleichmar (2014), quanto maior o nível de mimese, menor o nível de metábole, pois faltam as representações de base que sustentam a argamassa identitária do sujeito: "a identificação sempre guarda elementos ativos que estão dados pela metábole, enquanto a mimese funciona como um espelho no qual se reflete passivamente o outro" (p. 121).

Quando as identificações não se inscrevem simbólica e metabolicamente, mas adotam a qualidade da mimese, constituem uma problemática clínica que deve ser considerada com o propósito de mitigar o sofrimento psíquico que implicam e intervir sobre os fracassos nos processos de simbolização que se localizam em sua gênese; e no que se refere ao gênero, para que as identificações a partir das quais se inscreve psiquicamente em cada sujeito possam adquirir esse caráter com independência do conteúdo que apresentem – sejam cis, travestis, não binárias, fluidas ou outras. Não se pode presumir, então, que aquelas identificações que dão a impressão de serem concordantes com os imperativos cisnormativos sejam necessariamente indicativas de uma constituição psíquica mais bem conseguida. Portanto, em oposição à tendência patologizante de certas propostas analíticas que mencionamos, não existem razões metapsicológicas para suspeitar de antemão de uma condição patológica do registro identificatório no caso das dissidências sexo-genéricas.

Vencer a docilidade em relação aos imperativos patriarcais e às significações sociais que aspiram a normatizar as sexualidades por meio de múltiplos mecanismos repressivos demanda de nós o exercício constante de um exame rigoroso de nossas posições teoréticas, clínicas, éticas e políticas. Os obstáculos epistemológicos que enfrentamos não são facilmente desmontáveis, mas o trabalho analítico sobre nosso conhecimento e uma leitura sintomática dos seus escotomas se apresenta para nós como o único procedimento capaz de preservar a vigência e fecundidade da nossa praxe.

Em *O pensamento hétero e outros ensaios*, Monique Wittig (2022) afirma:

> *[...] enquanto as oposições (diferenças) aparecerem como dadas, como algo que já está lá antes de qualquer pensamento, ou seja, "naturais" – enquanto não houver conflito nem luta –, não haverá dialética, não haverá mudança, não haverá movimento. O pensamento dominante se*

> *recusa a se voltar para dentro de si para apreender aquilo que o questiona. (p. 24)*

Diante deste esclerosamento da lógica binária, que atenta contra as possibilidades simbolizantes do nosso pensamento, paralisa a potência das transformações históricas em andamento e intensifica vulnerabilidades e mal-estares, talvez consideremos inspiradora a noção aimará de *ch'ixi*, recuperada por Silvia Rivera Cusicanqui (2019): "a mistura multicolorida que somos . . . obedece à ideia aimará de algo que é e não é ao mesmo tempo, ou seja, à lógica do terceiro incluído" (p. 69). Reconhecer, como propunha o meditabundo príncipe da Dinamarca, que existem mais coisas entre o céu e a terra do que sonha a nossa vã filosofia, demanda abrir espaço – contra toda ambição de clareza, pureza e distinção – para o multicolorido, a mistura, a indiferenciação, a heterogeneidade. Talvez essas figurações nos permitam contemplar as complexidades e variações das sexualidades, os gêneros e as sexuações despojades da paixão normatizadora.

Referências bibliográficas

Ansermet, F. (2014). Elegir el propio sexo: usos contemporáneos de la diferencia sexual. *Virtualia, 29*(XIII). http://www.revistavirtualia.com/articulos/137/lo-femenino-y-la-sexualidad/elegir-el-propio-sexo-usos-contemporaneos-de-la-diferencia-sexual

Aulagnier, P. (1997). *La violencia de la interpretación*. Amorrortu.

Ayouch, T. (2016). *Géneros, cuerpos, placeres. Perversiones psicoanalíticas con Michel Foucault*. Letra Viva.

Ayouch, T. (2020). *Psicoanálisis e hibridez. Género, colonialidad, subjetivaciones*. Ediciones Navarra.

Bick, E. (1968). The experience of the skin in early object relations. *International Journal of Psychoanalysis, XLIX*, 484-486.

Bleichmar, S. (1993). *La fundación de lo inconciente*. Amorrortu.

Bleichmar, S. (1995). Las condiciones de la identificación. *Revista de la Asociación Escuela Argentina de Psicoterapia para Graduados, 21*, 201-219.

Bleichmar, S. (2005). Sostener los paradigmas desprendiéndose del lastre. Em *La subjetividad en riesgo*. Topía.

Bleichmar, S. (2006). *Paradojas de la sexualidad masculina*. Paidós.

Bleichmar, S. (2014). *Las teorías sexuales en psicoanálisis*. Paidós.

Blestcher, F. (2017a). La sexualidad infantil más acá del género y la sexuación: Extravíos y encaminamientos de la teoría sexual. In R. Moreno García (Org.), *Sobre o infantilismo da sexualidade*. Editora Sulina.

Blestcher, F. (2017b). Infancias trans y destinos de la diferencia sexual: Nuevos existenciarios, renovadas teorías. In I. Meler (comp.), *Psicoanálisis y género. Escritos sobre el amor, el trabajo, la sexualidad y la violencia*. Paidós.

Butler, J. (2002). *Cuerpos que importan*. Paidós.

Butler, J. (2006). *Deshacer el género*. Paidós.

Dejours, C. (2003). Pour une théorie psychanalytique de la différence des sexes. *Libres cahiers pour la psychanalyse, VIII*, pp. 55-67.

Fernández, A. M., & Siqueira Pérez, W. (2013). *La diferencia desquiciada*. Nueva Visión.

Freud, S. (2016). Três ensaios sobre a teoria da sexualidade. In *Obras completas* (Vol. 6; Paulo César de Souza, trad.). Companhia das Letras. (Trabalho original publicado em 1905).

Freud, S. (2011). Psicologia das massas e análise do eu. In *Obras completas* (Vol. 15; Paulo César de Souza, trad.). Companhia das Letras. (Trabalho original publicado em 1921).

Greiser, I. (2019). Yo soy yo. Actualidad del transexualismo, transexualismo y actualidad. *Aperiódico Psicoanalítico, 18*(31), 2-3.

Hinshelwood, R. D. (2004). *Diccionario del pensamiento kleiniano.* Amorrortu.

Lacan, J. (1998). Função e campo da fala e da linguagem em psicanálise. In *Escritos* (Vera Ribeiro, trad.). Jorge Zahar Editor.

Laplanche, J. (2007). *Sexual. La sexualité élargie au sens freudien.* PUF.

Marchesin, A. (2018). El transexual. El estatuto del cuerpo imaginario en el transexualismo. *Virtualia, 34*(XVII). http://www.revistavirtualia.com/articulos/789/fundamentos-y-actualidad-de-la-clinica/el-transexual

Meltzer, D. (1979). *Exploración del autismo.* Paidós.

Meltzer, D. (1986). *Metapsicología ampliada.* Spatia.

Preciado, P.B. (2020). *Yo soy el monstruo que os habla. Informe para una academia de psicoanalistas.* Anagrama.

Reitter, J. N. (2018). *Edipo gay. Heteronormatividad y psicoanálisis.* Letra Viva.

Rivera Cusicanqui, S. (2019). *Ch'ixinakax utxiwa. Una reflexión sobre prácticas y discursos descolonizadores.* Tinta Limón.

Tajer, D. (2020). *Psicoanálisis para todxs. Por una clínica pospatriarcal, posheteronormativa y poscolonial.* Topía.

Tort, M. (2011). *Fin del dogma paterno.* Paidós.

Tort, M. (2016). *Las subjetividades patriarcales. Un psicoanálisis inserto en las transformaciones históricas*. Topía.

Wittig, M. (2022). *O pensamento hétero e outros ensaios.* Autêntica.

3. Traumatismos, silêncios e inscrições simbolizantes: uma escuta psicanalítica na unidade de terapia intensiva neonatal

Ethel Cukierkorn Battikha

O nascimento de um bebê porta o futuro da linhagem parental. Para os pais, o reconhecer-se nesse filho sustenta suas fantasias de continuidade e imortalidade; em torno dele, tecem, consciente e inconscientemente, uma rede de expectativas e desejos. Inúmeras são as projeções quanto ao que poderá vir a ser, com quem se parece ou parecerá na família, um lugar de pertinência e reconhecimento, de historicização. Essas construções narrativas marcam o bebê a respeito do que se espera, do que se sonha para ele, o inscrevem no familiar e, consequentemente, marcam sua subjetivação. Estamos no campo da humanização da cria humana, das vicissitudes da constituição do sujeito psíquico e da produção de subjetividade.

Esse nascimento representa uma revanche narcísica, como se essa criança pudesse ser ilimitada e assim realizar a fantasia de completude, perdida pelos pais, que satisfazem sua própria necessidade de autoestima hipervalorizando o seu filho. A pergunta que geralmente dirigem ao obstetra, logo após o nascimento do bebê, é: "Ele é perfeito?". De que perfeição se trata aqui?

Freud (1914/1976), no artigo "Sobre o narcisismo: uma introdução", refere-se à atitude afetuosa dos pais como uma revivescência e reprodução do próprio narcisismo; ao filho são atribuídas as perfeições e ocultadas ou esquecidas as deficiências: "Sua majestade, o bebê".

No nascimento ordinário, geralmente se observa a mãe orgulhosa pelo seu "feito". Quando alguém olha para "sua majestade" e diz como ele é bonito, ou refere-se a qualquer outro atributo valorizado, a mãe comumente agradece. Esse olhar é tomado por ela como a confirmação de sua potência e competência. A mãe está sendo nutrida simbolicamente por esse bebê; o mais lindo do mundo. Seu olhar é de admiração, o bebê é seu cetro e ela, sua majestade a mãe desse bebê.

Diante do desamparo originário do bebê, impotente em face de suas necessidades, o outro humano, pautado na assimetria adulto-criança, habitualmente a mãe, é convocado e transforma o transbordamento do seu choro em mensagem, como um chamado, o que instaura a base de toda a comunicação possível. Caso não fosse assim, o bebê choraria até morrer (Bleichmar, 2005).

A mãe é convocada, desde seu narcisismo transvazante, a dar sustentação ao seu bebê, com o seu leite, suas palavras, seu olhar; com seu corpo e psiquismo. Interpreta suas manifestações como dirigidas a ela e, em resposta ao seu investimento amoroso: "Você sorriu para mim, gostou do meu leite!". Estamos no campo da significação simbólica e, portanto, não importa tratar-se de um reflexo involuntário do bebê, aliás, já não o é mais. Esse amor, em sua função de ligação, é essencial para a constituição desse bebê como sujeito psíquico.

Como refere Bleichmar (2005), a relação originária com o adulto significativo, o faz responsável não só pela sobrevivência da cria humana, mas também pela comoção profunda que o leva a tentar evitar-lhe qualquer sofrimento. Este amor, efeito do narcisismo transvazante dos pais, em sua função de ligação, é essencial para a constituição desse bebê como sujeito psíquico. Falhas dessa função narcisizante podem vir a produzir falhas na estruturação do psiquismo da criança.

No nascimento ordinário referimos a "sua majestade o bebê" e, quanto ao nascimento de um bebê prematuro extremo: será ele um rei? Aqui a aposta ainda poderá ser sustentada; e o nascimento de um bebê com doenças orgânicas graves, que poderão deixar sequelas, como malformação? O reino nem se instalou e já está perdido, ele não é mais, sem nunca ter sido, o mais perfeito do mundo. Há, dessa forma, um profundo hiato entre o bebê esperado-sonhado e este outro – que chega sem ter lugar esperado, no lugar de quem era aguardado. Portanto, passa-se do bebê que já tinha um lugar de pertinência familiar para esse outro que causa estranhamento.

Implica, portanto, o luto pela perda do bebê desejado que representaria, nesse momento, a revivescência da ilusão de perfeição narcísica: "ele tudo seria e poderia", além de mobilizar muitas ambivalências quanto ao desejo de vida e morte desse "outro bebê". Os pais não têm filhos para que morram ou sofram, não há nome para a perda de um filho. O nascimento de um bebê de risco e em risco nos confronta novamente com os limites inerentes à condição humana; prematuramente somos jogados na desilusão, deparamo-nos com situações extremas ligadas ao limite tênue entre a vida e a morte, ao desamparo, mobilizadoras de angústias que evocam vivências primitivas.

A que cede o orgulho, a aposta narcísica, quais as palavras para esse bebê, quais as possibilidades para o desenvolvimento de projetos identificatórios para ele? Como inscrever esse estranhamento, esse filho na linhagem parental, dar-lhe um lugar de pertencimento e reconhecimento?

O nascimento de um bebê pequenininho, que corre risco de vida, tão diferente do bebê gordinho, bonitinho, forte e que pode respirar sozinho, é marcado por uma profunda dor psíquica. Nessa cena imprevista e realizada há uma recorrente fantasia materna de fracasso e incapacidade. Frequentemente, as mães sentem-se culpadas, deficientes e deficitárias (Battikha, Kopelman & Faria, 2003).

Outra questão a ser considerada refere-se ao tempo geralmente prolongado de internação e, portanto, de separação mãe-bebê, bem como a impotência sentida, diante do sofrimento, da dor de seu bebê, que precocemente vive intervenções, inclusive cirúrgicas.

> *Então se eu visse que alguma coisa ia bater na minha barriga, colocava a mão na frente, né, então aquela coisa de proteção... É estranho, é diferente ver chorar, como se eu quisesse pegar ela no colo, mas eu sei que não ia passar...* [1]

Traumatismos, silêncios e inscrições simbolizantes

Quando uma mulher está grávida e vai ter seu bebê, não vai para o hospital, vai para a maternidade e ordinariamente sai com seu filho após alguns dias. Esses bebês que nascem prematuros extremos, malformados, com doenças orgânicas graves vão para a UTI neonatal (UTIN), e suas mães saem de alta sem seu filho. O lugar de acolhimento não será, inicialmente, o berço que o aguardava, mas uma incubadora, e será cuidado por uma equipe de profissionais, não familiares, estranhos, mas que terão o lugar de uma parentalidade provisória (Battikha, 2017; Druon, 1999; Agman, Druon & Frichet).

---

1 Recorte de uma entrevista realizada para dissertação de mestrado (Battikha, Kopelman & Faria, 2003).

A unidade de terapia intensiva neonatal é marcada por muitos desamparos, excessos traumáticos e silêncios, que precisam de reconhecimento e nomeação, portanto, de ligação em uma rede simbólica, narrativa, possível. Da minha escuta, da angústia e do sofrimento das mães confrontadas com o nascimento de um bebê de risco e em risco, identifiquei que o silêncio já se faz marcante no parto, pairando uma falta de palavras após o nascimento desse bebê.

Quando nasce um bebê, sua mãe fala muito com ele, e muitas vezes as observei silenciosas diante de seu filho na incubadora na UTIN. Estes e outros silêncios, que ainda serão nomeados no transcorrer do texto, levaram-me à escuta dessas mães na dissertação de mestrado, intitulada *As representações maternas acerca do nascimento de um bebê com doenças orgânicas graves.*[2]

"Conte-me sobre seu filho" – com essa questão desencadeante elegi iniciar cada uma das entrevistas. Várias mães mostraram-se surpreendidas com essa proposição, parecendo indicar o quanto lhes causava estranheza falar acerca desse bebê, para além do fato já sabido de seu problema. Parecendo, assim, anunciar uma equivalência entre bebê e diagnóstico e que, portanto, não teriam mais nada a dizer para além do "fato", do "problema" dele; como se o real desse corpo marcado impedisse e cortasse qualquer possibilidade de simbolização a seu respeito, que dessa forma ocuparia o lugar do já "dito" da doença orgânica e ou em suspeita.

Nesse sentido, os anúncios de futuro que representam o nascimento de um bebê e as possibilidades de realizações projetadas para ele podem ficar, assim circunscritas: é lesionado, é malformado etc.

---

2 Foram realizadas onze entrevistas semiestruturadas com mães de bebês que nasceram com alterações orgânicas graves, presumindo sequelas, quando da internação do bebê na UTIN. Realizei uma única entrevista com cada uma das mães. O material das entrevistas bem como a análise encontram-se disponíveis na sua íntegra na dissertação.

O diagnóstico da alteração igualado a um destino. Trata-se, portanto, de um bebê de risco orgânico e em risco para sua constituição como sujeito psíquico.

A maior parte das entrevistadas iniciou sua fala pelo momento da comunicação diagnóstica; foi quando esse bebê passou a ser referido, já que antes havia "outro" bebê, este perdido pela irrupção do problema. A estranheza materna em presença do que não podia ser inscrito acentuou em algumas das entrevistadas a tentativa de representação do bebê por sua suposta similaridade diagnóstica com outros bebês, estes reconhecidos como seus semelhantes, como se assim pudessem dizer a que família pertence, com quem se parece e qual, portanto, será o seu futuro.

Permaneci em silêncio. Apesar de ter mantido como pesquisadora e entrevistadora uma postura não interpretativa, no tempo do "só depois" é que pude significar que meu silêncio produziu um efeito; que foi tomado pelas mães como uma possibilidade de escuta e como uma demanda para que pudessem continuar a falar, que haveria mais a ser dito, que nem tudo estava encerrado nessa entrevista e tampouco na constituição dessa história; o futuro ainda estaria por vir. O diagnóstico não é um veredicto, embora possa ser assim significado como um destino a ser cumprido, podendo adquirir uma dimensão oracular (Battikha, Kopelman & Carvalho, 2011; Battikha, Kopelman & Faria, 2007; Cabassu, 1997).

Essa é uma questão paradoxal; se por um lado é necessário que os pais não se resignem ao problema, garantindo as possibilidades de investimento, por outro lado, também é necessário que reconheçam os limites impostos pelo bebê, dado o risco da recusa, e ele ser tomado como um objeto manipulado pelo desejo incessante da cura, o que nos remete novamente aos "riscos" para sua constituição psíquica. Deslocando-se o desejo do bebê nascido "perfeito" para o do "conserto", que poderia assim restituir o perdido.

Outra questão fundamental refere-se ao anúncio do problema durante a gestação. Quando uma mulher está grávida, fantasia a aparência do seu filho, havendo um lugar de pertinência nessa antecipação. Donde se pode supor os efeitos do diagnóstico na representação materna desse filho. Quem se espera a partir daí? Não se sentem mais com o "rei na barriga".

As mães descreveram[3] o profundo horror suscitado ao não poder dar representação a esse bebê na linhagem familiar, por não haver mais o reconhecimento antecipado pela similaridade. A interrogação sobre se nascerá menino ou menina desloca-se para se será ou não humano. Como ressalta Bleichmar (2005a), esta é uma apropriação ontológica: "o bebê é considerado um "semelhante" – ontologicamente da mesma espécie – antes que ele possa ter a noção de "semelhante", feito esse simbólico e não biológico. A autora refere que esse reconhecimento do bebê como idêntico ontológico abre a possibilidade de inscrevê-lo em uma proposta identificatória que o humaniza.

Dessa forma, há um bebê antes e depois, uma gravidez antes e depois e uma mãe antes e depois do anúncio do problema; até então a mãe reconhecia a si e ao seu bebê como iguais aos outros. A partir do anúncio, perde essas identificações, tornando-se ambos estranhos e diferentes.[4]

> . . . até o sétimo mês, tudo o que eu tinha de bom para passar para ele dentro da minha barriga, eu passei . . . mas assim... afetou muito a minha gravidez, então do sétimo mês para a frente eu quase não conversava com a minha barriga, eu, porque eu . . . não sabia exatamente o que me esperava depois que ele nascesse, né?...

---

3 Refiro-me às mães entrevistadas para a dissertação de mestrado

4 Recortes das falas das mães entrevistadas.

> Foi um choque, eu entrei em desespero, né, saí da sala chorando, porque é horrível, né... eu esperava uma criança assim, sadia, né.

> ... pra mim era um menino, né, eu fiz ultrassom, tudo ... deu menino. Aí quando no ultrassom de oito meses eu vim saber que era menina, mas aí depois que ... que seria uma criança retardada, né ... tudo isso eles me falaram. Aí pra mim, ela já ia vim com uma cabeça enorme mesmo, igual à que eles me falaram, sabe, ia vim, sei lá, uma criança... entendeu, porque... nossa!

Nota-se nesse último recorte como, até o momento de saber da doença, o bebê era nomeado como "pra mim era um menino", "eu vim saber que era menina". Após a "criança retardada", esse outro agora já é a criança "que o médico falou", e não mais o seu bebê. O nome passa a ser mantido pelo problema. Ao se anunciar tão doente, frágil, decepcionante para sua mãe, parece não sustentar um lugar de bebê, visto que os bebês geralmente são imaginados como bonitos e saudáveis. Interessante pensarmos como o bebê "saudável" pode ser associado à beleza, assim como o bebê com problemas, doente, associado à "feiura".

No entanto, as projeções feitas modificaram-se a partir do momento que viram o bebê, demonstrando alívio no encontro com um bebê reconhecido como portador de traços iguais aos dos pais. Tem nariz, cabelinho, pezinho e dedinhos. Um lugar humano, um traço possível para a sua filiação. Nessa nomeação "é um bebê semelhante" surge a possibilidade de uma fala humanizante, bem como uma busca materna por uma inscrição simbolizante para esse nascimento (Battikha, Kopelman & Faria, 2003; Battikha, 2017):

> Ah, eu imaginei que ele ia sair diferente, não pensei que ele ia ficar assim bonzinho, que ele ia, o olhinho dele está direitinho, a boquinha, o narizinho, eu pensei que ia ser pior, assim...
>
> Olha, horrível, não via a hora de ganhar para ver, foi assim, contei nos dedos os dias, foi uma angústia muito grande... Ah, que eu vi ela assim, eu falei meu Deus, minha filha é assim, não vi nada nela, né, porque o probleminha nas costas eles não me mostraram, mas assim, eu olhei pra ela assim, uma criança gordinha, pra mim ela era perfeita... entendeu, pra mim ela seria igual àquelas crianças de sei lá, que não, aquelas crianças, não sei nem falar o nome daquelas crianças.
>
> Eu imaginava ela pior . . . com mais deformidade no corpo . . . mais perna torta. A gente sempre quer saber se tem todos os dedinhos, se tem unha, cabelinho, é isso. Eu vi ela do jeito que eu queria, com tudo o que ela tinha, tudo o que todo mundo tem, né...

As escolhas dos nomes dos bebês que nascem com alterações e/ou prematuros extremos aludem a esses temas. Os nomes muitas vezes são escolhidos após o anúncio do problema, e disso falam. Outras vezes, embora escolhidos antes, são ressignificados. Notam-se com frequência os nomes Victor e Vitória nas UTINs. Muitas são as vitórias que podem estar sendo nomeadas, sobretudo da vida concreta e simbólica perante a morte. A quem a Vitória remete?

Outro aspecto a ser marcado refere-se ao bebê que, ao nascer com algum quadro de risco ou mesmo em suspeita, tem seu diagnóstico colocado em suspensão,[5] seja pela diversidade dos quadros possíveis, a dificuldade etiológica e diagnóstica, pela impossibilidade de precisar as consequências da lesão sofrida pelo bebê e/ou mesmo pelos riscos de sequelas decorrentes da prematuridade extrema.

O temor às sequelas implica um angustiante estado de suspensão, o que denomino como "a criança no limbo". Frequentemente, diz-se dessas crianças, mesmo anos após seu nascimento: ele é prematuro. Ele é ou ele nasceu? Tempo do "impassável", que aponta uma suspeita mantida? Podemos indagar como será significada essa espera, que implicações terão na e para a constituição do vínculo mãe-bebê e para a aposta nesse bebê. Diferentemente da lesão, refiro ao lugar simbólico e aos riscos implicados para a criança tomada como um corpo a ser investigado e/ou em suspensão (Battikha, 2021).

Klaus e Kennel (1992), ambos pediatras, apontam casos nos quais profissionais expressaram sua suspeita diagnóstica, mas posteriormente, ao descobrirem sua incorreção, descobriram que não podiam convencer os pais que a criança não tinha o que fora antes diagnosticado; mesmo após muitos anos a suspeita era mantida. "Não importa o que digamos para os pais inicialmente, isso ficará fixado indelevelmente em suas mentes."

As palavras produzem marcas, e as primeiras palavras ditas às mães pelo profissional – o que implica também a sua própria subjetividade – e pela mãe ao bebê são de extrema importância. As suspeitas, antecipações, que podem recair sobre o bebê, apesar da sua não confirmação, podem ter um efeito autorrealizável, implicando uma antecipação de fracasso (Jerusalinsky et al., 1999).

Nesse momento fundamental da constituição do vínculo e da aposta no bebê, o que os pais escutam bem como a maneira como

5 Suspenso (do latim *suspensu*): pendurado, irresoluto, cessado temporariamente, sustado, que faz sentido incompleto (Houaiss, 2001).

se dá a comunicação médica são de importância crucial e têm um grande impacto. Diante da impotência em relação ao seu filho internado em uma unidade de terapia intensiva, ao médico é atribuído um lugar não só de potência, mas de onipotência e onipresença. Em repetidos relatos, a fala das mães se aproxima de um discurso técnico-médico, o que parece apontar que, diante de seu intenso sentimento de impotência para com seu bebê, refugia-se no discurso daqueles que, nesse momento, significam o poder e o saber cuidar.

A mãe pode, ainda, ao se sentir destituída do lugar de maternagem de seu bebê sadio imaginado, assumir um lugar de cuidadora do corpo. De fato, esses bebês terão que ir muito a médicos e a outros especialistas após a alta do hospital. Mas a questão aponta também para um sentimento de estranhamento, já que as mães se imaginavam com um bebê sadio, e agora passam a se imaginar como cuidadoras de uma criança – corpo – doente, tendo, portanto, funções a respeito desse corpo.

Claro é que as mães atribuem significado ao diagnóstico a partir de sua própria subjetividade. Quando o médico faz uma comunicação, não sabe como estará sendo significada, dado que cada sujeito tem uma escuta singular. As palavras da comunicação do diagnóstico não têm o mesmo sentido independentemente de quem as escuta; incidem de diferentes formas a partir dos desejos, dos temores, da maneira como se inscrevem na história de vida de quem as significa e têm, consequentemente, diferentes efeitos na constituição da parentalidade e do que poderá restar para esse bebê (Battikha, Kopelman, Faria, 2003; Battikha, Kopelman, Carvalho, 2011; Battikha, 2017).

Bebês nascem prematuros extremos, com má-formação, doenças orgânicas graves, diagnósticos e prognósticos não fechados. Questões complexas envolvem a comunicação do diagnóstico e seus efeitos. Proponho, então, que possamos pensar essa comunicação a partir das seguintes questões: o que os médicos falam e o que os pais escutam? O que os médicos devem comunicar? Quais os impasses entre médicos e pais de bebês daí decorrentes?

Frequentemente[6] os médicos neonatologistas relatam que, após a comunicação de um diagnóstico ou prognóstico grave, a mãe pergunta quanto o bebê engordou; pergunta se, tirando "a cabecinha", em que há hemorragia grave, o resto está bem. Outra questão recorrente é a necessidade de repetirem inúmeras vezes a mesma informação como se fosse a primeira vez, o que provoca profundo mal-estar na relação médicos-pais.

Diante do impasse entre o que desejam que os pais escutem e entendam e as perguntas que retornam e nas quais insistem, apesar de toda e qualquer explicação oferecida, os médicos procuram compreender o que está suposto nessa dificuldade. Linguagem médica, grau de compreensão dos pais associado à sua condição econômica e cultural, negação defensiva, manutenção do investimento amoroso no bebê (Battikha, Kopelman & Carvalho, 2011; Battikha, 2017)?

> ... ela perguntava até da babinha que tava na boca, a gente falava: "Meu Deus! Tanta coisa importante e ela pergunta da babinha da boca..."
>
> ...
>
> Olha, mãe: o bebê tá muito grave... aí ela pergunta: "Ah! ele engordou hoje?..."

---

6 Baseado na minha escuta dos médicos residentes – na disciplina de pediatria neonatal da Escola Paulista de Medicina da Unifesp – e nas entrevistas que realizei para minha tese de doutorado (Battikha, 2017; Battikha, Kopelman & Carvalho, 2011).

> ... fala da gravidade, do problema, que talvez a gente não consiga salvar, ou que talvez ele vá ficar com uma sequela importante. Em seguida, elas perguntam: "Mas, quanto ele tá pesando?"

Após a comunicação de um diagnóstico, a mãe pode falar sobre o cabelinho e sobre o peso como um investimento no seu bebê. Podemos, sim, pensar que se trata do uso de mecanismos defensivos diante da angústia e do sofrimento dos pais, defesas essas necessárias tanto para que não desmoronem como para que possam sustentar o vínculo com seu bebê. Assim como podemos supor, também, tratar-se do narcisismo transvazante, como qualquer mãe que diz ser o seu bebê o mais lindo do mundo e ninguém tenta fazê-la ver que as orelhas de seu filho são um tanto feiosas e tortas. Parece difícil supor e sustentar, quando de um nascimento "diferente", que os pais possam cobrir de projeções seu bebê, mantendo possibilidades de investimento; o que tantas vezes é refutado diante do real do corpo, do impacto da sua condição e interpretado como negação.

Adentramos na questão constitutiva do narcisismo transvazante, na sua função de ligação e de oferecimento de novas possibilidades simbolizantes. Após a mãe falar da babinha no canto da boca do seu bebê, ou dizer que seu olhar é de desconforto apesar dos parâmetros estáveis, que quando seu bebê puxa os fios do cateter é porque está mostrando como é corajoso e briguento, não se retorne com uma explicação real do funcionamento dos reflexos ou do diagnóstico. Estamos no campo da significação simbólica, imprescindível para a constituição do vínculo pais-bebê, e do sujeito que desse/nesse laço pode vir a se constituir.

O que novamente é paradoxal não se trata aqui do não saber que a criança tem problemas e que corre riscos, mas de um saber que não encubra totalmente esse bebê, que então seria apenas um corpo desabitado. Faz-se necessário que uma fresta, uma abertura seja respeitada, para que o investimento no bebê seja possível. Decorre daí a importância de a comunicação não ser exaustiva nem preditiva. Penso aqui na minha proposição inicial para as mães: "conte-me sobre seu filho" e no meu silêncio como uma fresta aberta...

A essa discussão podemos, ainda, acrescentar e problematizar o tempo psíquico necessário para a metabolização do que é dito pelo médico, e que está em íntima relação com o traumático da notícia. Num outro tempo, os pais poderão vir a dar um ordenamento, ressignificando esse acontecimento que até então se apresentava como se fosse irrepresentável. Repetidas vezes, os médicos relatam que, após consecutivas comunicações, os pais, de repente, escutam como se fosse a primeira vez, mas para isso terão que poder ser sustentados, investidos e escutados.

O conhecimento necessário do médico acerca dos pais do bebê, sobre o que eles já sabem e o que querem saber, o uso de uma linguagem acessível e não técnica, bem como acompanhar seu entendimento do que foi comunicado, são ações fundamentais; além disso, é de extrema importância a escuta dos pais.

Intervenções precoces e o trabalho interdisciplinar na UTIN: possibilidades de metabolização e novas produções psíquicas

Retomo agora minha escuta das mães. No transcorrer das entrevistas, pude acompanhar como o bebê, que aparecia inicialmente, igualado a um diagnóstico, este "estranho", foi ganhando inscrições subjetivantes, familiares. Acompanhei nessas entrevistas as tentativas das mães de inscreverem, de dar significação ao nascimento desse bebê:

... eu penso se Deus mandou assim para mim, eu cuido dele, como vier, né?... Eu aqui planejava ter esse filho, não é que eu não planejava nem nada. Eu queria saber também por que saiu assim... Eu perguntei para o médico... Eu pensei que é, eu tomei muito é, eu tomei oito anos comprimido. Eu pensei... será que é por isso que saiu assim o meu filho? Aí eu perguntei para o médico. Ele falou que não era por isso, não. Que ia, que ia nascer, ia acontecer mesmo... Aí, perguntou para mim se eu e o meu marido éramos parentes, mas também não é. Perguntou se eu tinha algum parente com problema assim; não tenho, nem meu marido tem... Eu pensei assim, lá (país de origem) nem no hospital eu fui quando estava grávida deles. Só para nascer mesmo que eu ia para o hospital e não deu nenhum problema. Agora que eu estou seguindo o tratamento direitinho, deu esse problema para o meu filho...

Na tentativa de dar sentido, na busca por um saber que possa dar ordem às causas do nascimento desse bebê com problemas, a mãe recorre à palavra do médico, a um saber "científico". Todavia, esse saber não oferece uma resposta para a sua questão. Busca por uma ordem explicativa religiosa, na qual parece projetar um saber possível. Reafirma seu desejo pelo bebê, subentendendo que se o bebê foi planejado, foi desejado, então deveria nascer bem. Essa premissa sustentada na onipotência do desejo também fracassa.

Tema recorrente é a atribuição de uma função heroica ao bebê, como uma forma de significar o porquê de seu nascimento com problemas. Dessa forma buscam dar representação, mas é necessário, ainda, ressaltar o risco implicado para o bebê, de ficar perpetuado num mito religioso rígido, seja na sua função heroica ou na martirizante (Battikha, Kopelman, Faria, 2007; Jerusalinsky et al., 1999).

Diante do desamparo materno, da perda do ideal unificador – "o bebê sadio imaginado"–, de quebra narcísica, situa-se na busca de ordenamento a possibilidade de historicização desse filho (outro, a ser adotado), e da própria subjetividade, como um mapeamento em que os excessos traumáticos vão podendo ser ligados. Os pais precisam construir uma narrativa para esse bebê e para sua história. A produção de um sentido para a causa desse nascimento "diferente" perpassa diversas vias, implicando em atributos e atribuições para ele.

> ... ia nascer hoje ou amanhã que era dia 2/5... sempre os meus filhos nascem antes do mês que marcam...

> Anuncia um lugar de similaridade com os seus demais filhos. "Todos nascem antes do tempo." Essa mãe, no início da entrevista, indagava quanto a um lugar de reconhecimento a partir do saber de outros "casos" com o mesmo diagnóstico. Saber este que, supunha, os médicos deveriam ter. Nessa mesma direção, no final da entrevista, ao contar sobre seu outro filho, marca um lugar de reconhecimento pela semelhança para seu bebê: seu filho agora inscrito no familiar.

O traumático define-se, exatamente, por seu caráter de excesso, o que irrompe e desorganiza, esgarça o tecido psíquico e está intimamente ligado ao desamparo constitutivo do humano. Cada psiquismo tem um umbral de tolerância ao traumático. Em alguns casos, o grande problema é que o traumático não produz possibilidade de simbolização e recomposição, e há uma devastação psíquica (Bleichmar, 2005a; Bleichmar, 2009; Laplanche & Pontalis, 1983; Bleichmar, 2010).

O processo de metabolização psíquica indica a possibilidade de representar, fazer elos, ligando a excitação angustiante de maneira a fazer sentido para o sujeito que a vive em uma rede associativa significativa possível. Portanto, trata-se de decompor e recompor o acontecimento psíquico na tentativa de elaboração.

A maior parte das entrevistadas transformou em demanda própria o falar acerca desse nascimento. Mostraram-se receptivas à possibilidade de serem ouvidas por alguém de fora de suas relações habituais, sem críticas e com pouco direcionamento. O que inicialmente causou estranhamento, no transcorrer da entrevista pareceu propiciar alívio. Trata-se da possibilidade de ligar, de nomear, na presença de outro que, ao demandar palavras e estar em posição de escuta, narcisiza essa mãe, pelo investimento a ela dirigido. O que me remete a uma das primeiras observações que fiz na UTIN: os pais levavam bichinhos, orações e colocavam na parte de cima da incubadora, até então todas iguais, tornando-as únicas, singulares.

Situo-me, portanto, diante do traumático e das condições de ligação dos excessos em um entramado simbólico e, nas possibilidades de escuta do sofrimento psíquico, na clínica ampliada, extramuros. A história que pode ser historicizada, para que não permaneça vagando de forma desligada, encontrando formas de ancoragens, de recomposições. Quanto antes for possível intervir onde houver sofrimento do bebê e de seu entorno, melhor será para todos os envolvidos. Em tempos de constituições e teceduras, trata-se de uma convocação ética, a partir do nosso saber psicanalítico (Battikha, Kopelman & Faria, 2003; Battikha, 2017; Battikha, Kopelman & Carvalho, 2011).

Penso, agora, em uma mãe que construía um diário onde anotava todas as evoluções ou involuções do quadro de seu bebê, com um rigor descritivo que a aproximava de um discurso médico. À medida que pôde falar sobre seus temores a partir de uma escuta analítica, começou a criar um álbum próprio com sua narrativa para seu filho; contava agora, orgulhosa, que ele beliscava quando não gostava da posição em que era colocado na incubadora. Vejam os desdobramentos dessa fala, a posição do corpo e do bebê subjetivado, que já não aceita ser colocado na posição anterior. Não se trata mais, aos olhos dessa mãe, de um corpo descritivo e funcional, mas do seu bebê filiado, fundamental e fundante para que essa criança possa vir a constituir seu espaço narrativo, de um corpo subjetivado, animado, pulsante (Battikha, 2019).

Finalizo, com uma experiência que foi extremamente significativa para o meu trabalho, enquanto realizava a observação e o atendimento de algumas mães na UTIN. Esse bebê já estava na salinha dos prematuros, não necessitava mais de cuidados especiais e estava à espera da alta. Sua mãe desejava amamentá-lo e angustiava-se com a grande dificuldade em fazê-lo. A partir de um contexto existente, enquanto a mãe tentava sem sucesso dar o peito para seu filho, eu lhe dirigi meu olhar e falamos a propósito de seu medo de tamanha intimidade com seu filho e de que ele viesse a morrer. Fiz essa única intervenção pontual, se assim posso chamá-la. Passados alguns dias, essa mãe veio me dizer que a amamentação, a aproximação com seu filho, havia ficado bem mais fácil depois do nosso encontro. Indaguei a respeito do que poderia ter operado essa mudança, que a mim parecia quase mágica. Pensei que talvez o meu olhar dirigido a ela, bem como a compreensão compartilhada do que até então permanecia no silêncio, a tivesse investido de um lugar materno e de maternagem de seu bebê, que em situações tão adversas fica bastante ameaçado.

Há, portanto, a necessidade de uma escuta analítica precoce dessas mães no período da internação do bebê na UTIN. Muitas são as ações urgentes no início da vida de um bebê de risco e em risco, sendo fundamental que se pense tanto na reanimação orgânica quanto nas questões psíquicas implicadas.

A história dessas crianças está se constituindo, e vários podem ser os desdobramentos a partir do posicionamento subjetivo dos pais e do nosso posicionamento como profissionais envolvidos no seu atendimento enquanto estão sob os nossos cuidados. A UTIN pode ser um espaço de contenção organizadora para os pais, possibilitando a sustentação da potência parental na narcisização transvazante desse bebê, seu filho. Portanto, isso perpassa trabalhos interdisciplinares, a partir da especificidade de cada profissional envolvido na sua estruturação.

Referências bibliográficas

Agman, M., Druon, C., & Frichet, A. (1999). Intervenções psicológicas em neonatologia. In D. B. Wanderley (Org.), *Agora eu era o rei* (pp. 17-36). Ágama.

Battikha, E. C. (2001). Prematuridade. In D. Teperman, T. Garrafa, V. Iaconelli (Org.), *Tempo* (pp. 69-82). Autêntica.

Battikha, E. C. (2017). *A comunicação do diagnóstico na UTI neonatal. Médicos e pacientes: Assimetrias e simetrias*. Escuta.

Battikha, E. C. (2019). A Unidade de Terapia Intensiva Neonatal e suas repercussões na constituição psíquica do bebê. In J. S. Batista & S. N. Guidugli (Org.), *Psicologia da saúde e clínica: conexões necessárias*. Appris.

Battikha, E. C., Kopelman, B. I., & Faria, M. C. C. (2003). *As representações maternas acerca do bebê que nasce com doenças orgânicas graves* (Dissertação de mestrado). Unifesp, São Paulo.

Battikha, E. C., Kopelman, B. I., & Faria M. C. C. (2007). As representações maternas acerca do bebê que nasce com doenças orgânicas graves. *Psicologia: Teoria e Pesquisa*, 23(1), 17-24.

Battikha, E. C., Kopelman, B. I., & Carvalho, M. T. M. (2011). *A formação do neonatologista e os paradigmas implicados na relação com os pais dos bebês na unidade de terapia intensiva neoanatal* (Tese de doutorado). Unifesp.

Battikha, E. C. (2001). Prematuridade. In D. Teperman, T. Garrafa, V. Iaconelli (Org.), *Tempo* (pp. 69-82). Autêntica.

Battikha, E. C. (2019). A Unidade de Terapia Intensiva Neonatal e suas repercussões na constituição psíquica do bebê. In J. S. Batista & S. N. Guidugli (Org.), *Psicologia da saúde e clínica: conexões necessárias*. Appris.

Bleichmar S. (2005a). *Clínica psicanalítica e neogênese*. Anna Blume.

Bleichmar S. (2005b). *La subjetividad em riesgo*. Topía Editorial.

Bleichmar, S. (2009). *El desmantelamiento de la subjetividad*. Topía Editorial.

Bleichmar, S. (2010). *Psicoanálisis extramuros. Puesta a prueba frente a lo traumático*. Editorial Entre ideas.

Cabassu, G. (1997). Palavras em torno do berço. In D. B. Wanderley (Org.), *Palavras em torno do berço: intervenções precoces bebê e família* (pp. 21-32). Ágama.

Druon, C. (1999). Ajuda ao bebê e os seus pais em terapia intensiva neonatal. In D. B. Wanderley. (Org.), *Agora eu era o rei* (pp. 35-54). Ágalma.

Freud S. (1976). Sobre o narcisismo: uma introdução. In *Edição Standard Brasileira das Obras Psicológicas Completas de Sigmund Freud* (Vol. XIV). Imago. (Trabalho original publicado em 1914).

Houaiss, A. (2001). *Grande dicionário da língua portuguesa*. Objetiva.

Jerusalinsky, A. et al. (1999). *Psicanálise e desenvolvimento infantil: um enfoque transdisciplinar* (2a ed.). Artes e Ofícios.

Klaus, M., & Kennel, J. (1992). *Pais/Bebê: a formação do apego*. Artes Médicas.

Laplanche, J., & Pontalis, J. B. (1983). *Vocabulário da psicanálise*. Martins Fontes.

4. Desafios para a psicanálise do século XXI: na clínica, na metapsicologia e na técnica[1]

Norberto C. Marucco

Introdução

De ontem para hoje: o que escutamos e como intervimos na psicanálise do século XXI

Para começar, quero dizer que a proposta do meu texto sugere um trânsito do ontem para o hoje que implica não apenas um reconhecimento daqueles que nos precederam, mas também – e talvez fundamentalmente – uma apreciação crítica da complexa realidade atual da psicanálise e do nosso fazer psicanalítico. Nesse sentido, acredito que cada um de nós seja convocado, pela própria vocação da psicanálise, a ser "pioneiro" do nosso tempo, desenvolvendo nossa capacidade de reflexão como um ato sempre renovado e aberto. A atualidade nos impõe a tarefa de pensar e atuar dentro de uma realidade social muito dura e complexa que se inscreve, por sua vez, no contexto globalizado de uma era marcada pelas crises e

1 Tradução para o português de Adriana Carina Camacho Álvarez (Lecttura Traduções).

mudanças que ocorrem no mundo inteiro. Nesse marco, nosso olhar de hoje nos revela situações que não são totalmente lisonjeiras para a psicanálise. Entre outras, podemos destacar a queda na demanda da psicanálise no mundo que inclui tanto os pacientes que veem nela uma possibilidade de alívio para o seu sofrimento como aqueles que optam vocacionalmente pela formação psicanalítica.

Por outro lado, acho que houve na psicanálise uma espécie de recolhimento em relação a suas possibilidades de oferecer, de maneira ampla e generosa, a contribuição do seu olhar sobre o fato social. Temas como a violência, a desocupação, a exclusão social em idades cada vez mais precoces, a criminalidade, as adições são, entre outras, as grandes questões sobre as quais a psicanálise deve se pronunciar. Só no ano de 2007, e em plena explosão de uma crise mundial que vem se agravando faz muito tempo, a convocação para o Congresso da IPA em Berlim ("Lembrar, repetir e reelaborar na psicanálise e a cultura de hoje") pareceria indicar que *retomamos* o compromisso de atuarmos nesse sentido. E isso deveria nos alertar sobre a nossa atitude em relação ao futuro. Como já disse em outras ocasiões, penso que devemos empreender a escrita do "mal-estar na cultura do nosso tempo" – como o fez Freud no seu –, tentando responder por que a psicanálise não prestou nem presta a devida atenção às manifestações sociais de importância. Insisto nesse ponto porque acredito fortemente que, no campo social, a aplicação da psicanálise à cultura seja um passo essencial que as sociedades psicanalíticas devem se colocar neste século XXI.

De ontem para hoje

Gostaria agora de me situar mais especificamente no âmbito da nossa prática analítica para me referir ao problema da nossa escuta analítica de hoje em relação ao tempo que nos precedeu. Nesse sentido, gostaria de apontar que uma coisa que definiu o ontem da psicanálise foi um certo eixo sobre o representado e o representável. Isso implicava uma escuta dirigida fundamentalmente para as manifestações do inconsciente recalcado, sexual e significante, cujas expressões psicopatológicas configurariam as denominadas "neuroses clássicas". Intensamente interrogada pela teoria psicanalítica no século passado, possivelmente seja nessa área do funcionamento psíquico, a do desvelamento do desejo e da sua expressão nos representantes verbais, que se obtiveram os melhores resultados. Mas esse mesmo fato teve a contrapartida de configurar uma análise solipsista, muito fechada no mundo representacional; e um fazer do analista centrado em sua interpretação. Eram representações que apareciam no campo analítico pela via do material oferecido pelo sonho, pelas associações livres, pelos sintomas, pela transferência. Era o império, poderíamos dizer, da realidade psíquica.

"De ontem para hoje", a compreensão psicanalítica foi se ampliando, abrangendo estados psicopatológicos que vão além das neuroses clássicas, situando-nos num campo "além do representável", no qual, no meu entender, se inscreve a psicanálise do século XXI. Essa maneira de conceber os fenômenos clínicos implica o desenvolvimento de uma escuta e intervenção analíticas diferentes. Em outras palavras, configura-se assim uma teoria do significante que abrange um além do significante linguístico. A inclusão de significantes não linguísticos implica para a psicanálise uma possibilidade de saída da univocidade da equação simbólica e o ingresso na conflituosa criatividade da terceiridade, como coloca Green.

Quando o campo analítico se aventura na região do não representável (e, talvez, do irrepresentável), é necessário retomar a "escuta" da repetição, pois emerge na clínica, de fato, o conceito de compulsão à repetição. Quando Freud (1920/2020) descreveu, em *Além do princípio do prazer*, a repetição do sofrimento, a repetição do trauma, o que causou espanto, na verdade, foi essa tentativa, nem sempre bem-sucedida, que a repetição do trauma faz para se ligar e, dessa forma, poder ingressar na série do prazer-desprazer. Nesse sentido, pareceria que o primeiro princípio, para Freud, teria sido a ligação. Sem ligação prévia, não há repetição, mas desorganização e fragmentação. Assim, hoje situaríamos a compulsão à repetição num passo prévio ao prazer, mas contendo no seu núcleo uma busca incessante de ligação. Na clínica, essas buscas (de ligação e a constituição de objeto) irão envolver decididamente o analista com seu paciente num trabalho desenvolvido na singularidade do campo analítico e que incluiria o que eu chamei de aposta pulsional do analista (Marucco, 2001, 2002, 2005, 2006). Quando um indivíduo é preso pela compulsão à repetição, ele não tem acesso à possibilidade de ligação; seu tempo é "assassinado", como diz Green (2000/2001). Acredito que nesse "assassinato do tempo" dos nossos pacientes esteja comprometida a psicanálise de hoje. Cada um de nós tentará possibilidades de saída desse tempo morto, coagulado, no qual permanece tanto o neurótico quanto aquele que está "além" da neurose e ainda, às vezes, o próprio analista.

O que escutamos hoje e como intervimos hoje em relação com o mundo exterior

Como muitas vezes escrevi (Marucco, 1985, 2002), penso que deveríamos considerar a possibilidade de incluir, na estruturação do psiquismo, a realidade exterior como uma quarta instância psíquica, junto com o eu, o id e o supereu (Freud, 1923/2011b).

Esses traumas da realidade exterior que atravessamos hoje na nossa realidade social não só ressignificam traumas anteriores, mas são, em si mesmos, geradores de patologia. Como age esta realidade traumática? O que ela exige do eu? Exige dele uma perda de catexia por um sobreinvestimento da realidade. Esse eu, então, precisa se dedicar a se proteger do "aniquilamento" que, às vezes, a realidade produz (Freud, 1919/2019). Ele não vive *em* nem *com* a realidade, mas *se protege* dela. Nesse esforço, perde libido e, por último, seu desejo. Emerge assim em cena um eu diminuído em sua capacidade de amar e de trabalhar (capacidades que Freud definiu como expressões de saúde psíquica). Assim, o eu defende-se, por um lado, da realidade exterior e, por outro, a partir da sua própria realidade psíquica, dos maus-tratos dispensados pelo supereu devido aos ideais que a própria realidade traumática não lhe permite satisfazer. Progressivamente, nessa situação encontramos um eu que, capturado por essa realidade, e sobreinvestindo-a para poder controlá-la, vai deixando de ouvir, passo a passo, as reclamações da pulsão de vida, o que não apenas produz uma diminuição da sua pulsão sexual, mas, em maior medida ainda, afeta toda sua vida relacional. A consequência dessa "surdez libidinal" é uma liberação da pulsão de morte, ponto de máximo perigo no psiquismo, que é gerado, nesse caso, pela ação de um trauma que, às vezes, se transforma em cumulativo.

Nesse terreno, o princípio de ligação reclama um objeto e convoca o analista a abrir uma passagem para o mundo representacional, não apenas por meio das interpretações, mas também estimulando a criação do que poderíamos chamar de "tecido psíquico" (Marucco, 2006), o fantasma, a fantasia (aquilo que é gerado no espaço que vai do processo primário para o secundário).

Quanto a como intervir em relação ao traumático e na relação do indivíduo com a realidade exterior, direi, em primeiro lugar, que considero que existem diferentes possibilidades de ação terapêutica. A primeira alude à relação entre o eu e o id pulsional. No campo terapêutico individual, o analista deve estar atento a escutar o Id, fazendo, ele mesmo, um desinvestimento momentâneo da realidade para possibilitar a entrada em contato com suas pulsões sexuais de vida para, assim, se defender da ação destrutiva da pulsão de morte, tanto em sua face violenta quanto em sua ação de desligamento.

Outra ação terapêutica consiste em permitir ao Eu se defender do descrédito que o supereu, como representante, em parte, da realidade, gera nele. Também se revela como uma intervenção significativa possibilitar e estimular no paciente a criação de laços libidinais. Trata-se de um momento inaugural para revalorizar a importância da transferência. E mais: em casos que transcendem o marco individual, a inclusão de enquadres – como entrevistas de casal ou familiares – poderia constituir um instrumento excepcional para trabalhar essa situação.

Uma vez recuperada em análise a capacidade de escutar o mundo libidinal adormecido, abrem-se para a pulsão as rotas já conhecidas: a satisfação direta; a inibição de sua meta; e os caminhos sublimatórios. Em particular, as instituições deveriam oferecer espaço e acolhimento para as produções sublimatórias do Eu. Isso implicaria a possibilidade de desenvolver atividades científicas, culturais, artísticas. O Eu, conduzido e conduzindo suas pulsões, ficará mais propenso a recuperar a autoestima e o sentimento de si, afetados pela situação traumática.

Trauma e criação do novo

Então: o que escutamos e como intervimos na realidade analítica atual? Imersos como estamos nas experiências traumáticas de uma sociedade em profunda crise, a escuta psicanalítica poderia se ver afetada pelo que eu definiria, parafraseando Freud, como "a sombra da realidade que se abateu sobre o eu". Uma queda que teria produzido um esmagamento do mundo representacional, do mundo da fantasia, pelo peso brutal e ignominioso da nossa realidade. A tentação de se situar, diante desse fato, no lugar de "uma mãe suficientemente boa" que acompanhe, ajude, conforte e compreenda o paciente poderia levar, a meu ver, a errar a direção da intervenção do analista no campo analítico. Do abismo desse esmagamento do mundo representacional, pode-se elevar, como metaforiza René Roussillon (1995), ao aludir ao "trauma perdido", uma mão que se agita dando conta de um hálito de vida que ainda existe. Seria uma última tentativa de ligação que a intervenção analítica deverá propiciar, possibilitando um trabalho de representação do trauma.

Quando a realidade esmaga o psiquismo a ponto de que é possível confundir – e inclusive substituir – com ela o mundo representacional, não restam mais enigmas, nem perguntas acerca do desejo, nem espaço para a fantasia. Então, aparecerá uma teorização subjetiva sobre a causa do trauma (que sempre estará em relação com o próprio narcisismo tanático e com as pegadas do vínculo paranoide com o objeto). Nesse ponto, o analista pode intervir ajudando o paciente a problematizar a questão não só em torno de si mesmo e do que o cerca, mas também discriminando entre aquilo que pertence à realidade e aquilo que entra no campo da sua pulsão e, portanto, da sua responsabilidade pessoal. É ali, nesse "encontro" entre a realidade traumática e a pulsão, que reside a possibilidade de tecer uma nova trama psíquica que, em face da opção paranoide de interpretação do mundo... abra passagem para a fantasia. Porque, tanto ontem quanto hoje, sempre existiram e existem realidades potencialmente traumáticas: situações dramáticas que poderíamos precisar, descrever, situar no tempo para encontrarmos uma justificativa objetiva para nossos sofrimentos. Mas se há alguma coisa que particulariza a nossa situação atual neste século é um certo sentimento coletivo de termos sido arrastados passivamente para um destino trágico. Diante disso, não basta apenas lembrar o passado para não voltar a repeti-lo. Nem construir o achado de um objeto-causa que arremede aquele do antigo e sempiterno trauma uma e mil vezes condenado a procurar na compulsão repetitiva ligação e ressignificação. Será necessário, além disso, sermos capazes de criar algo, parir ideias, desenvolver, como já disse, as potencialidades sublimatórias, e voltar o olhar para o horizonte do desejo. Porque, afinal, o que mais seria o desejo impossível de satisfazer se não uma utopia da pulsão? (Vertzner de Marucco, 2016). Se a nossa cultura já tinha renunciado às utopias, agora parece estar prestes a renunciar também a toda possibilidade de ação pulsional sobre a realidade.

A psicanálise sempre resgatou o valor das possibilidades humanas de transformação. Como já apontou Green (1990): "O desejo – irrealista, imperioso e exigente – considera sempre possível uma realização e não hesita em mobilizar os recursos do fantasma para a mais improvável das materializações" (p. 190). Green chamou isso de "lógica da esperança": essa "reserva de tempo" que, "com sua potencialidade de realização, formou-se de tal maneira que, quando as circunstâncias não lhe permitem se realizar, preserva a possibilidade de fazê-lo *em outro lugar e de outro modo*".

Nesse sentido, considero que a clínica caracteriza um percurso da compulsão à repetição de uma prisão mortífera numa "lógica da desesperança" (representada na ação intrusiva e hostil do objeto e do trauma) até o muitas vezes difícil acesso à "lógica da esperança", expressa por um desejo capturado que espera ser despertado, desvelado, no campo analítico. A intervenção analítica de hoje não só deveria apontar para a revelação daquilo que passou e foi esquecido, mas também para a possibilidade de criação de algo novo, algo que nunca esteve no campo do psíquico. Não se trata apenas de tornar consciente aquilo que permanece, como num reservatório, no domínio do inconsciente, mas também de trazer à luz essa "lógica da esperança" que "não consente morrer" nem deixar de procurar o objeto que existe dentro (realidade psíquica) e fora do sujeito (realidade exterior). Caso contrário, aquilo que arrasou o psíquico, fazendo ancoragem no corpo ou no ato, irá agir na vida como um destino incoercível que poderá chegar a atacar até as próprias pulsões de autoconservação. A análise deveria tender, então, a meu ver, não apenas para a restauração do tecido psíquico que a pulsão de morte desteceu (em seu esforço de desligamento), mas também para a criação dessa trama capaz de conter aquilo que não tem conseguido ter representação; uma trama psíquica que sirva, assim, de filtro e de "tecido de contato" em face dos embates da realidade exterior.

Para finalizar, "de ontem para hoje" mudaram muitas coisas no mundo e na psicanálise, e nem um nem a outra têm estado a salvo de contratempos de todo tipo. Nossos precursores na psicanálise nos deixaram uma importante herança em termos de desenvolvimento teórico e técnico, mas também nos transmitiram alguns erros. De qualquer maneira, interessa-me hoje resgatar o legado de sua "força pioneira", de sua determinação fundadora, de sua vocação para a descoberta, da busca da verdade (busca impossível, é verdade, no sentido da certeza, mas possível e necessária como busca). E eles também nos legaram a maravilhosa coragem de criar e construir. Sustentar essa força, esse impulso precursor, mesmo que enfrentando as maiores dificuldades, seria, em meu entender, o melhor estímulo para nós mesmos nesta aventura do desenvolvimento do novo século.

A prática analítica atual e as posições do analista: algumas considerações sobre o conceito de zonas psíquicas

Quero começar apontando os problemas aos quais nos remete esse tema em relação ao lugar que outorgamos ao pluralismo teórico no momento atual da psicanálise. Um pluralismo teórico que enriqueceu nossas perspectivas, que nos permitiu convergir em algumas delas e divergir em outras, mas que deve ter, a meu ver, um ponto em comum, que é seu fundamento nos pilares da obra freudiana.

Partindo dessa ideia, a minha apresentação aponta um retorno a Freud (como referência e não como reverência), justamente pela via da leitura que posso fazer da clínica psicanalítica atual e, em particular, da sua prática; e, partindo de uma maneira de entender a obra freudiana que soma as diferentes tópicas até incluir uma terceira tópica que surgiria das temáticas da negação e da cisão do eu com a "introdução" do fetichismo (Marucco, 1978a, 2013).

Penso, por outro lado, que essa vigência da obra freudiana decorre de releituras que, a partir da incorporação e *integração* de diferentes escolas teóricas, possibilitam novas formulações teóricas sobre a prática. Um ponto que gostaria de frisar é o relativo à necessidade de recuperar, nessas "releituras freudianas", o conceito do Eu, em virtude de sua importância como Eu de funções, como no juízo de realidade; e, em particular, as elaborações necessárias da parte inconsciente do Eu, revestida por camadas narcisistas e identificatórias.

Para entrar agora no tema da prática analítica atual e das posições do analista, abordarei, em primeiro lugar: a) o paciente contemporâneo e a problemática psicopatológica atual; e em segundo lugar b) o inconscientizado e as posições do psicanalista hoje.

a) O paciente contemporâneo e a problemática psicopatológica atual

Durante muitos anos, a psicanálise esteve circunscrita quase exclusivamente ao tratamento do que poderíamos denominar, genericamente, como "neuroses clássicas", apoiando-se, para isso, na teoria da representação e no conceito de neurose de transferência. Era uma análise até certo ponto "cientificista", no estilo do que poderia ser a elaboração de Signorelli em Freud; uma análise que, assentada no terreno da representação, mantinha-se de certa maneira afastada de outros destinos da pulsão. A clínica foi se encarregando de assinalar as limitações dessa posição a ponto de, na atualidade, as fronteiras da psicanálise se definirem e, ao mesmo tempo, tornarem-se difusas justamente por aquilo que ficaria fora dela, aquilo que estaria "além" do conceito de neuroses clássicas; em outras palavras, por aquelas expressões psicopatológicas que transcendem o mero retorno do recalcado.

Existem pelo menos duas posições bem diferenciadas em relação à problemática psicopatológica na psicanálise contemporânea. Uma delas considera possível sustentar a continuidade da definição do campo psicopatológico em termos de estruturas: a neurótica, a perversa e a psicótica. Partindo dessa posição, talvez possamos incluir também uma "estrutura psicossomática". A outra posição (à qual adiro) propende à compreensão da psicopatologia preferencialmente em termos de "modos de funcionamento psíquico". Pessoalmente, defini esses modos como "zonas psíquicas" (Marucco, 1999), determinadas, cada uma delas, por diferentes modos de inconscientização, com suas particulares formas de retorno e com diferentes maneiras de expressão da angústia.

O paciente contemporâneo nos coloca muitas vezes no campo de um "além do representável", terreno das expressões ligadas ao corpo, ao narcisismo e a um tipo de compulsão à repetição que é manifestação da pulsão de morte. Essas expressões da psicopatologia me levaram a pensar na coexistência de "zonas" ou "áreas" de funcionamento psíquico que se definem a partir de uma singular estruturação do aparelho psíquico (Marucco, 2017) e que determinam diferentes configurações do inconsciente. Essas zonas inconscientizadas confluem no paciente contemporâneo (com predomínio de alguma delas nas diferentes patologias), definindo as posições do analista e as condições do campo analítico.

Considero que, num certo sentido, o paciente de hoje é um paciente "novo", cuja patologia constituiria um produto original de sua peculiar relação com a cultura (tema controverso cujo desenvolvimento não cabe realizar aqui). Mas, ao mesmo tempo, com os avanços metapsicológicos atuais, poderíamos nos perguntar: não se "prenunciariam" já alguns ecos do que chamamos "novo", por exemplo, no inconsciente da cisão do eu no homem dos ratos ou no homem dos lobos? E também: seria possível desconhecer na paixão homossexual de Dora uma paixão narcisista ligada ao inconsciente de uma "estrutura idealizadora" que, ao não ser escutada, teria conduzido ao rompimento analítico? Seria possível enumerar muitos casos como esses. Não só entre os pacientes de Freud, mas também entre os nossos. Isso leva a me perguntar: seria necessária uma melhor "afinação" dos nossos instrumentos conceituais para abordar essas zonas do psiquismo inconscientizado que antes pareciam inacessíveis e, talvez, também chegar a descobrir outras "áreas de funcionamento psíquico" que ainda permaneceriam ignoradas? É por isso que a problemática das patologias novas é, na minha opinião, complexificada por efeito das mudanças culturais, por um lado, e pelos avanços metapsicológicos na compreensão da psicopatologia, por outro.

b) O inconscientizado e as posições do analista de hoje

Retorno nesta seção aos desenvolvimentos anteriores sobre a minha concepção de "zonas ou áreas de funcionamento psíquico inconscientes", mas situando-me agora no campo da prática e das diferentes posições que o analista deve assumir em face dos particulares modos de expressão psicopatológica.

Trata-se, antes de mais nada, de desenvolver os "sentidos analíticos" com vistas a poder detectar no paciente as diferentes maneiras como se expressa o inconsciente em cada uma dessas "zonas de funcionamento psíquico". E, a partir dessa identificação, encontrar vias de acesso terapêutico mais adequadas, novas características do enquadre e as reformulações de seus instrumentos técnicos. É claro que, devido à "intemporalidade" do inconsciente, escutaremos, na maioria das vezes, simultaneidade e/ou sobreposição nas expressões das diferentes zonas. Daí a maior complexificação do trabalho analítico. Mas isso só nos leva a enfatizar a necessidade de poder distinguir em cada momento qual é a estrutura psíquica inconsciente que está "tomando a palavra" (isto é, o momento em que retorna ao organizado do qual em algum momento partiu para se inconscientizar); e poder, dali, incluí-la numa nova temporalidade (a do processo analítico). Lembro as diferentes zonas que identifiquei: 1) a dos sonhos; 2) a do narcisismo; 3) a da pulsão de morte; 4) a das identificações; e 5) a do fetichismo. Talvez seja irrelevante, então, esclarecer que, se eu seguir uma ordem (que talvez poderia ser definida como "cronológica" em relação à evolução da teoria freudiana) na descrição das diferentes zonas psíquicas, é apenas para os fins da exposição. Resulta fácil comprovar que a progressão das descobertas de Freud e os achados posteriores (de Klein, Hartmann, Winnicott, Lacan, Green, Laplanche etc.) revelam, nesse ordenamento, um grau crescente de complexificação, tanto em relação à constituição e organização do psiquismo quanto às suas modalidades de inconscientização e às suas expressões psicopatológicas, apontando, por conseguinte, para a necessidade de reformulações da técnica. Freud é, antes de mais nada, um pesquisador da complexidade.

É assim que a "zona do sonho", talvez justamente por ter sido a "primeira", foi, como disse anteriormente, também a mais intensamente interrogada pela teoria psicanalítica e aquela na qual foram atingidos (sempre em termos relativos) os melhores resultados, as respostas mais bem-sucedidas. A tarefa do analista visa aqui fundamentalmente ao desvelamento do desejo em sua expressão por meio dos representantes verbais, e o enquadre analítico é definido pelo paciente deitado num divã, com sua possibilidade motriz inibida e o polo perceptivo, quase anulado.... Seria possível dizer que estariam dadas as condições para que a cadeia associativa vá se desenvolvendo à semelhança de um sonho. A atenção flutuante e a interpretação definem nessa zona a posição do analista. A escuta analítica flutuante descobre, no golpe do significante, o núcleo do inconsciente recalcado, condensado ou deslocado: nessa zona, a angústia é a angústia sexual ante o retorno do recalcado, a abstinência é chave para o desenvolvimento do processo, e a contratransferência poderia até ser vista como um obstáculo.

A associação livre é fundamental, um instrumento privilegiado para se detectar o inconsciente sexual e significante. Mas quando, além disso, nos deparamos com outras zonas psíquicas onde o psicopatológico se expressa, por exemplo, pelo ato, será que só a associação livre é suficiente? Não seria necessário um "instrumento" que permitisse detectar, por exemplo, as expressões do ato? Interessa-me reiterar o fato de que no conceito do inconsciente está contido o recalcado; mas ele é algo a mais do que o recalcado...

Ora, quando a libido objetal (problemática narcisista) é "esbanjada", digamos, no que Green (1990) chamou de "loucura erótica" (ou "psicose erótica") e Freud (1921/2011a) definiu como apaixonamento, estamos em outra zona: o inconsciente narcisista, que sublinha a importância do objeto na constituição do psiquismo e, por conseguinte, nas características da patologia e no devir do processo analítico. A zona do narcisismo é, assim, a zona da criação do ideal e da conformação da "estrutura idealizadora". Pois bem, quando essa "estrutura idealizadora" se projeta no analista, é colocada em jogo uma transferência idealizada na qual será reeditado uma espécie de "amor dependente". Dessa forma, o analista se verá inserto numa complexa e particular trama relacional, "ocupando" o lugar desse objeto idealizado capaz de marcar o destino de uma vida. Quantas mudanças poderiam se operar no circuito da repetição narcisista quando o inconsciente dessa zona é detectado, analisado e desmontado?; e, por outro lado, quantos destinos cegos poderiam ser criados numa análise em que isso não é revelado? A abstinência nessa zona é mais moderada, e a angústia é a da perda ou intrusão.

"Colocado" nesse lugar, o analista deverá desmontar a potência da idealização, recuperando como representação histórica o que se transformou em estrutura psíquica. O instrumento técnico para realizar essa tarefa serão as interpretações e as construções, com as quais se tentará dar conta da história de uma desilusão que aconteceu e foi negada, permitindo-se, assim, a sua transformação em representação. Em outras palavras, trata-se de transformar a criança narcisista inconscientizada numa agônica lembrança. A contratransferência imaginativa (Green, 1990; Marucco, 2016) iluminará os vestígios dos mitos narcisistas.

Em outros momentos da terapia analítica, a posição do analista será requerida de uma maneira muito particular, quando, perdendo as fileiras de Eros a luta pela vida, aflora no paciente contemporâneo a ação de uma pulsão de morte que se expressa em termos de um inconsciente configurado por um tipo particular de repetição e pela ação do desligamento. Assim, quando o campo analítico se aventura no território do inconsciente da pulsão de morte, é necessário afinar a "escuta" da repetição e, mais ainda, do silêncio e, fundamentalmente, sustentar a aposta pulsional do analista.

Nessas histórias de traumas precoces, não será suficiente para o analista transitar a *per via di levare* (isto é, interpretar). Ele deverá também transitar em uma particular via de porre, ou seja, outorgar significação àqueles traumas que se repetem uma e outra vez com demoníaca insistência. É o campo da interpretação e da construção de uma história: histórias de aproximações, de afastamentos, de distâncias...

As expressões clínicas dessa área ou zona de inconscientização poderiam ser a tendência ao ato ou as manifestações psicossomáticas. Como comentei anteriormente, essas buscas (de ligação e constituição de objeto) irão envolver decididamente o analista com seu paciente num trabalho desenvolvido na singularidade do campo analítico (Marucco, 1995, 1998, 2001, 2002, 2005, 2006). Aqui reside o compromisso do psicanalista de hoje e é aqui onde a aposta libidinal inconsciente do analista é fundamental para dar ligação a esse trauma precoce que ficou amarrado e volta a ser apresentado pela compulsão à repetição. Então, a abstinência e a neutralidade são seriamente questionáveis nesse ponto, e a angústia emergente será a do vazio ou a nadificação.

A "contratransferência", mais especificamente o que a mente do analista produz, seria o lugar privilegiado para poder operar, tanto sobre o desligamento (desejo do analista) quanto sobre essas pegadas mnêmicas precoces "soterradas" (Freud, 1937/2007; Marucco, 2007) que não encontraram representação de palavra. E o analista poderá fazer isso se colocar em jogo sua capacidade de ligação dentro da sua capacidade de *rêverie*, nos termos de Bion. É o campo do perigo sugestivo da psicanálise apenas freado pela própria análise da contratransferência e pela autoanálise.

Um desafio da análise atual nessa zona psíquica é o de transformar o suposto destino – ou pelo menos uma parte dele – numa "neurose" que possa ser acessível e operável por nossa prática analítica. Isto é o que, em meu entendimento, a psicanálise deve procurar no inconsciente dessa zona psíquica.

Na zona das identificações, nas reações terapêuticas negativas (RTN) – esse estranho e paradoxal adoecimento quando um indivíduo melhora –, reverberam os ecos que provêm desse inconsciente no qual é travada a dura batalha por livrar-se do poderio do objeto da identificação primária passiva (Marucco, 1978a). O paciente avança em seu tratamento, mas, em vez de melhorar, ele se sente doente. O que acontece? A psicanálise encontra aí seu limite? Alguns consideram, junto com Freud, que, quando chega a esse ponto, o analista deve reconhecer os limites do seu instrumento. Por minha parte, considero que é precisamente quando se produz esse "adoecimento ao melhorar" que o analista deverá ajustar a lente para entrar nessa luta entre o eu e o supereu – nesse "outro inconsciente", nessa outra "zona psíquica", poderíamos dizer – e trabalhar intensamente. Trata-se de um inimigo que surpreende especialmente porque parece se gestar nas próprias entranhas do processo analítico e dirigir seus ataques diretamente contra ele e seu representante, o analista. Neste terreno, na complexidade desse "inconsciente das identificações" com esse outro que constitui e "aliena", e no próprio cerne dos "momentos transferenciais-contratransferenciais" (Marucco, 1978b), o psicanalista terá de descobrir os caminhos que conduzam a uma desidentificação que habilite o sujeito para que ele possa recuperar o impulso vivificante da sua própria pulsão. Enquanto na psicanálise contemporânea certas teorias chegaram a propor a identificação com o próprio analista como maneira de "corrigir" identificações patológicas, considero prudente manter importantes prevenções nesse sentido. Colocaria a questão desta maneira: precaver-se tanto para não cair numa abstinência tal que possa representar para o paciente uma exigência de desinvestimento perigoso para sua economia psíquica; quanto contra uma identificação com o analista que sele um novo destino, tão alheio ao sujeito quanto era o "projeto de vida" gestado na sua patologia. Estou falando de um eu alienado no outro que recupera sua autenticidade.

Quanto aos processos de inconscientização (Marucco, 2017) decorrentes da negação estrutural diante da castração e a realidade exterior, gostaria de propor agora, da perspectiva da clínica e da posição do analista, esta reflexão: a brecha da cisão do eu que se produz em função do mecanismo da negação da realidade traumática que gera uma angústia de aniquilamento... Essa brecha poderia se fechar? Deveria se fechar? Toda tentativa de fechá-la só conduziria a deslocá-la, a "corrigi-la" num sentido ou em outro (ambos potencialmente perigosos). Se essa fenda da cisão do eu se "deslocasse" para a aceitação da castração ou da realidade (desalojando a área da negação), ela conduziria a um progressivo desaparecimento da pulsão sexual, gerando a idealização do objeto. Já se a fenda se "deslocasse" para a área da negação, a perversão ou o trauma exterior, ela dominaria as escolhas de objeto, podendo chegar até o desconhecimento da própria realidade (o delírio em vez da criação). O resultado desejado seria, nos termos de Octave Mannoni (1969/1973), o equilíbrio criativo entre o "eu já sei" (reconhecimento da castração), e o "mas, ainda assim..." (ação do inconscietizado pela negação que preserva a pulsão e seu correlato: a fantasia). Se a teoria da cura priorizasse excessivamente o desenvolvimento simbólico (aceitação da castração), isso estreitaria o espaço criativo da fantasia inconsciente.

Em síntese, toda análise que embarcar num reconhecimento rotundo da realidade tenderia a provocar um cerceamento da potência da pulsão. A falta de pulsão não é apenas produto da história psicopatológica de um indivíduo; ela também pode fazer parte da história de um processo analítico no qual o reconhecimento rotundo da realidade foi aplacando a potencialidade do mundo pulsional em suas duas vertentes: a criação e a satisfação nas condições do amor.

Concluindo, nesta segunda parte, tentei sair do "enceguecimento do inconsciente recalcado" para pensar em diferentes zonas de inconscientização, em seus modos de funcionamento e em suas expressões psicopatológicas no paciente contemporâneo. Também me debrucei sobre as diferentes posições do analista ante essas expressões do inconsciente no paciente contemporâneo. Mas, mesmo assim, continuo insatisfeito. Ao encerrar esta seção, ficam apresentados, a meu ver, os enigmas e também as possibilidades da nossa prática psicanalítica contemporânea.

Além da contratransferência: a repetição do arcaico e a mente do analista

Quando a estrutura repetitiva, produto das primeiras inscrições na constituição do psíquico, irrompe no campo analítico, a questão *do representável* tem uma virada importante. Aquilo não representado e irrepresentável da pulsão, o que não chega ao campo da palavra, produz um "curto-circuito" que o situa na passagem ao ato ou no corpo. E essas manifestações psicopatológicas no soma e no ato aludem, como eu apontei, àquilo que, em psicanálise, chamamos de "*o arcaico*" (Marucco, 2016), ou seja, àquilo onde, em vez da representação de palavra, existem o soma, os atos e – acrescento agora – as *paixões*. Mas continuando: como se manifestam na clínica essas inscrições de *além ou aquém da representação de palavra* que não configuram uma fantasia? Trata-se de uma repetição quase "pura": além de não comportar representação, há nela presentes *fusionais e passionais* que se expressam de diferentes formas, da fúria destrutiva à tendência ao Nirvana ou, mais claramente, ao desejo de morte. Acontece que a clínica contemporânea se estremece ao questionar a extraterritorialidade que coube ao ato e ao soma e, ao mesmo tempo, reflete os avatares do trabalho analítico ao "pisar" sobre essas zonas de confluência e de balizamento que constituem categorias de fronteira. É preciso esclarecer que essa "zona psíquica" está por fora do campo do significante. Essas expressões de "além da representação" nos desafiam a um trabalho clínico que poderíamos descrever como *a construção do ato*, ou como a tentativa de *"representação" do corpo*. Se, além de descrevê-la, pensássemos em como realizá-la, poderíamos dizer assim: algo desafiador se colocaria para o trabalho analítico no qual, num movimento regrediente, nas palavras de César e Sara Botella (1997), a partir da representação da palavra, o analisando e o analista conseguiriam ir convocando algum tipo de representação mais próxima do sensorial (representações auditivas, táteis, olfativas, visuais etc.). E, quando chegássemos do plano do sensorial ao signo perceptivo, próximo do terreno alucinatório, colocar-se-ia para a análise algo desafiador que começarei enunciando desta forma: na análise da repetição do arcaico, não há história nem palavras: há apenas *"situação analítica"*, ou seja, *encontros que transformam*. Reitero: assim como no campo da neurose (ou na zona do significante), a atenção flutuante do analista permite detectar na associação livre do paciente o golpe do significante; a essa potencialidade sensorial, traumática, o analista poderá tentar responder colocando em jogo algo a mais além da sua contratransferência, ou seja, sua capacidade de *rêverie* (Bion, 1962/1966), quase "sua mente". Esta poderia ser definida, em parte, como esse inconsciente inédito, não analisado, que surge no analista quando *a opacidade do significante* linguístico não permite a análise da associação livre, nem sequer a possibilidade da atenção flutuante. Poderíamos denominar provisionalmente essa tarefa analítica como *a mente do analista trabalhando diante da repetição do arcaico*; um trabalho de elaboração do analista, revelador e, ao mesmo tempo, inquietante. Acontece que, quando esses "outros significantes" não linguísticos são convocados na mente do analista, eles se expressam como "vivências" e não apenas como representações. Mais uma vez, estamos perto do desafio de construir fantasmas lá onde só havia inscrições pré-verbais. É necessário insistir em que o grande risco nesse momento clínico é o de o campo analítico cair numa hipertrofia do irracional que o aproxime de algo próximo da ordem do mágico, onde a pessoa do analista se erigiria em ideal (Marucco, 2005)? Como prevenir isso? Aqui não posso me remeter ao que possivelmente seja o mais antigo e imperecedouro no ser analista: a autoanálise, a reanálise que permita encontrar nexos, relações e, fundamentalmente, diferenciar o que é próprio daquilo que corresponde ao Outro e à relação com o outro.

Para concluir: com que contamos para pensar, além da contratransferência, a "mente do analista" e sua operatividade em face das repetições do analisando? Menciono alguns aspectos: a) sua "singularidade real", que permitiria que as repetições sem variação se transmudem em reedições corrigidas e aumentadas; b) sua capacidade de devaneio, que lhe permitiria outorgar representação à repetição do não representado; e c) a própria escuta do enigma do seu inconsciente não analisado, inédito, ativado em função da repetição do irrepresentável do analisando e que sempre luta por ganhar novas representações. De posse de tais instrumentos, como intervém o analista? 1) Por um lado, mediante a construção. Mas qual construção? A que constrói na sincronia transferencial, no aqui e agora, a história do processo analítico; ou seja, aquilo que o analista vivenciou junto com seu paciente durante o processo de cura. A isso irá se somar: 2) a interpretação do intrapsíquico, isto é, da pulsão unida às identificações primárias com e a partir do objeto, que se expressam em atos. E, por último, 3) o analista construirá conjeturalmente esses fragmentos de história que contribuam para desvendar o soterrado. Tendo chegado neste ponto, estaríamos, metaforicamente, diante da criação de "tecido psíquico", do não nascido que pode nascer; ou seja, da emergência do novo em psicanálise, que ganha terreno do não representável para o representável e também avança sobre o irrepresentável. De qualquer maneira, é preciso, para que haja análise e não síntese, um grau imprescindível de desligamento que garanta sempre a conservação de um algo que não se possa fisgar, irrepresentável (o umbigo do sonho), que se furte à apropriação por parte do outro e que se defenda dela.

Paro por aqui. Cheguei ao final do meu texto. Não sei se consegui expressar claramente as questões que formulei, nem as ideias com as que tento ensaiar algumas respostas possíveis. Mas quero deixar um testemunho de algo que já vi refletido muitas vezes na minha clínica: a dor incontrolável daqueles que não conseguem parar, o furioso e temível padecer que a repetição mantém ardendo; a urgência desses analisantes que convocam o analista num pedido que sentem derradeiro. Penso que a análise pode constituir uma possibilidade inédita de ligação, de mudança de via, diante da repetição do destino. É claro que isso implica, como eu disse antes, a nossa própria aposta pulsional com resultados imprecisos: em ocasiões, eloquentes; algumas vezes, conseguindo apenas moderar a repetição; e, em outras, fracassando. Em definitivo, a repetição do arcaico e a mente do analista é uma problemática que pode pôr à prova a própria convicção em relação à análise, convidando-nos a revisitarmos juntos os fracassos terapêuticos. Fazendo isso, talvez possamos oferecer neste século uma psicanálise metapsicologicamente sólida e também audaz na compreensão da clínica e dos recursos da técnica. Audácia necessária não apenas para enfrentar com o trabalho analítico a crueldade da doença psíquica, mas, fundamentalmente, para desmascarar a compulsão que desespera, construindo e reconstruindo, uma e outra vez, até que o sujeito da análise possa semear, nesse tempo arrasado da repetição, a semente de uma história própria, inédita e com final aberto.

Algumas reflexões para concluir

Tentei mostrar, neste capítulo, a minha maneira de ver a prática terapêutica de hoje e os pacientes de hoje, ainda que sem a apresentação de material clínico. Espero que o meu desenvolvimento metapsicológico tenha lhes permitido visualizar o paciente clínico que está sempre presente em minha mente quando penso a partir da metapsicologia psicanalítica. Espero também ter conseguido transmitir a vocês a possibilidade de fundamentar a prática analítica atual na releitura freudiana, com contribuições de outras teorias, mais ou menos implícitas ou explícitas, num marco de sólida integração.

Quero, por último, fazer alguns comentários. Acho imprescindível para o futuro da psicanálise não perder de vista o objetivo terapêutico, ainda com a prevenção de não cair no *furor curandis*. Entendo que, quando o papel terapêutico da psicanálise fica difuso, propiciamos, cada vez mais, o exercício das assim chamadas psicoterapias não analíticas. Um passo a mais: se concordamos com que a análise clínica se define como terapêutica, que lugar ocupariam, então, as teorias da cura e, dentro delas, a problemática do eu na prática analítica atual?

Como uma tentativa de síntese, recupero uma frase de Freud que vem sendo questionada: "onde estava o Isso, deve advir o Eu". Este Id que deve advir o Eu conteria, então, o inconsciente pulsional, o inconsciente recalcado, o inconsciente narcisista, o inconsciente identificatório, o inconsciente da repetição mortífera e o inconsciente produto da negação. O trabalho da cura analítica estaria, para mim, no advento do Eu como produto do desvelamento desses inconscientes.

Referências bibliográficas

Bion, W. R.(1962). *Learning from experience*. Heinemann.

Bion, W. R.(1966). *Aprendiendo de la experiencia*. Paidós.

Botella, C.; Botella, S.(1997). *Más allá de la representación*. Promolibro.

Freud, S. (2019). *O infamiliar*. Editora Autêntica. (Trabalho original publicado em 1919).

Freud, S. (2020). *Além do principio do prazer*. Editora Autêntica. (Trabalho original publicado em 1920).

Freud, S. (2011a). Psicología das massas e análise do eu. In *Obras completas, v. XV*. Companhia das Letras. (Trabalho original publicado em 1921).

Freud, S. (2011b). O eu e o id. In *Obras completas, v. XVI*. Companhia das Letras. (Trabalho original publicado em 1923).

Freud, S. (2007). Entre el recuerdo y el destino: la repetición. *Revista Uruguaya de Psicoanálisis*, 105, pp. 26-54 (Trabalho original publicado em 1937).

Green, A. (1990). *De locuras privadas*. Amorrortu Editores.

Green, A. (2001). *El tiempo fragmentado*. Amorrortu Editores. (Trabalho original publicado em 2000).

Mannoni, O. (1973). *La otra escena. Claves de lo imaginario*. Amorrortu. (Trabalho original publicado em 1969).

Marucco, N. (1978a). Narcisismo, escisión del yo y Edipo. Una introducción a manera de epílogo. *Revista de Psicoanálisis*, XXXV(2).

Marucco, N. (1978b). ¿Momentos o neurosis transferencial? Reflexiones sobre la transferencia en la obra de Freud. *Revista de Psicoanálisis, XXXV*(1).

Marucco, N. (1985). Acerca de Narciso y Edipo en la teoría y práctica psicoanalítica. Lectura desde la inclusión de la cultura. *Revista de Psicoanálisis, XLII*(1).

Marucco, N. (1998). *Cura analítica y transferencia: De la represión a la desmentida*. Amorrortu Editores.

Marucco, N. (1999). El analizando de hoy y lo inconsciente.

Marucco, N. (2001). Algunas puntuaciones psicoanalíticas: desde mi práctica clínica. *Revista Francesa de Psicoanálisis, LXV* (Hors Série, "Courants de la psychanalyse contemporaine", dirigida por André Green).

Marucco, N. (2002). La estructura del psiquismo y la cultura. *Revista de Psicoanálisis, LIX*(2).

Marucco, N. (2005). Cuerpo, duelo y representación en el campo analítico. In A, Maladesky; M. B. López; Z. López Ozores; R. H. Etchegoyen; E. Aisenberg; R. Bernardi, *et al.*, *Psicosomática: aportes teórico-clínicos en el Siglo XXI* (pp. 249-258). Editorial Lugar.

Marucco, N. (2006). Entre el recuerdo y el destino: la repetición. *Revista de Psicoanálisis, LXIII*(4), 763-785.

Marucco, N. (2007). Memoria y repetición. *Revista de Psicoanálisis, LXIV*, 147-158.

Marucco, N. (2013). El pensamiento clínico contemporáneo: revisitando la técnica. *Revista Brasileira de Psicanálise, 47*(2).

Marucco, N. (2016). The person and the extended analytic function. *Journal of Psychoanalysis, Special Edition.*

Marucco, N. (2017, outubro). Inconscient et/ou inconscientisation, état ou fonctionnement psychique. Défis pour une psychanalyse contemporaine. *Revue francaise de psychanalyse, LXXXI.*

Marucco, N. C. et al. (1995). La función analítica y [la presencia de] el analista. El papel de la singularidad real en la transferencia. *Revista de Psicoanálisis, XLII*(3).

Vertzner de Marucco, A.(2016). Comunicação pessoal.

5. Pulsão, gênero e pós-gênero: confrontos teóricos e epistêmicos em psicanálise[1]

Leticia Glocer Fiorini

As sociedades contemporâneas estão atravessadas por complexos fenômenos relacionados com a construção da subjetividade. Os cambiantes itinerários do desejo e as migrações de gênero confrontam o campo psicanalítico. As consultas se afastam de problemáticas clássicas, e muitas delas expressam conflitos de peso sobre a sexualidade ou identidade de gênero das pessoas que chegam ao consultório. As variantes são múltiplas e dizem respeito também à heterossexualidade. Por outro lado, constituem um desafio para a posição sexuada do ou da psicanalista, sua contratransferência, ideologia e preconceitos. Certamente, não se trata de problemáticas inéditas, mas sim de uma visibilidade e exposição que não existiam com anterioridade e que induzem a repensar as propostas psicanalíticas em relação à questão da sexualidade.

---

1 Este artigo foi publicado originalmente no livro *Pulsión-muerte-sexualidades, perspectivas actuales* (Fernando Martín Gómez, org.; pp. 519-541). APA Editorial, 2020. Tradução para o português de Adriana Carina Camacho Álvarez (Lecttura Traduções).

Lembremos também que, embora tais problemáticas tenham existido sempre, no presente, elas ganham uma forte legalidade. As legalidades crescentes respondem a realidades contemporâneas nas quais se tornam visíveis outras formas de subjetivação. E, ao mesmo tempo, essas legalidades, de modo recursivo, produzem essas formas de subjetivação. Surgem debates no campo psicanalítico que revelam diferentes posições em relação a essas mudanças. Sem dúvida, isso se torna ainda mais complexo porque sabemos que, na atualidade, a psicanálise está ramificada em diversas correntes teóricas cujas postulações nem sempre coincidem. Da mesma maneira, existem múltiplas teorias de gênero e, atualmente, teorias pós-gênero, que, por sua vez, questionam a fixidez dos dois gêneros clássicos.

Nesse marco, seria impossível nos referir às diversidades sexuais e de gênero sem incluir o contexto, já que elas se apresentam no marco de transformações culturais, sociais, discursivas e legais em relação às quais não são autônomas. As configurações familiares não convencionais, outras formas de parentalidade, o acelerado desenvolvimento da informática, a robótica e as biotecnologias se entrecruzam com práticas não convencionais de expressão da sexualidade e que subvertem as categorias binárias tradicionais de gêneros.

É imprescindível perceber que hoje existem nominações para essas apresentações que não existiam no passado. A linguagem não é neutra, e essas mudanças na linguagem representam a necessidade de ampliar as margens de compreensão daquilo que se separa das normas. Dessa maneira, são geradas mais possibilidades de refletir sobre as significações dessas apresentações e seus efeitos no campo psicanalítico.

Por outro lado, esses cenários nos convocam a refletir sobre dois aspectos:

O primeiro, de caráter ético, diz respeito à necessidade de reconhecimento e não discriminação dessas apresentações. Isso inclui outros grupos afetados pela discriminação, como as mulheres, grupos étnicos, religiosos, raciais, entre outros. Certamente, a homofobia, a misoginia, o racismo, a xenofobia e o fundamentalismo religioso estão relacionados. No entanto, é preciso enfatizar que, mesmo que a não discriminação não seja suficiente, ela é, sim, imprescindível em todos os âmbitos. Esse é o primeiro passo, mas o desafio é muito maior.

O segundo ponto, que é crucial para os psicanalistas, consiste na necessidade de reformular certos conceitos psicanalíticos que estão estabelecidos e que, a meu ver, poderiam se transformar num obstáculo para a clínica. Nesse ponto, conjugam-se as ideologias, as crenças pessoais, os preconceitos e os estereótipos com as teorias sobre as diversidades sexuais e de gênero disponíveis para cada psicanalista. Isso nos impulsiona a revisar as nossas ferramentas teórico-clínicas. Caso contrário, poderiam se eternizar posições com fortes implicações na prática clínica. Lembremos tantos casos de homossexualidades contrariadas porque não respondiam à norma.

Repensar certas categorias teóricas não abala o edifício psicanalítico, que já está suficientemente assentado. Ainda que o inconsciente, a sexualidade infantil, a pulsão, a transferência sejam elementos-chave, há diferentes interpretações dessas categorias nas diversas correntes teóricas que apontam para concepções distintas de sujeito que demandam aprofundamento. Outras propostas, ainda, deveriam ser revisadas ou ampliadas sem preconcepções. Caso contrário, a nossa clínica poderá fracassar, já que nela, inevitavelmente, essas subjetividades serão consideradas abjetas, fora da norma.

Nesse contexto, não apenas devemos enfrentar as resistências à psicanálise que se projetam desde os primórdios da nossa disciplina, mas também as resistências da psicanálise (ou dos psicanalistas) para repensar algumas propostas da teoria.

Lembremos que, num sentido freudiano, o desejo sempre é itinerante por definição, que a escolha de objeto é contingente (mas não arbitrária) e que as identidades, incluindo as de gênero, nunca são fixas nem inamovíveis. A isso vem se somar o fato de que os corpos não definem por si sós uma identidade sexual nem a escolha de objeto e que, além disso, os ideais de masculinidade e feminidade variam historicamente. Nesse marco, torna-se necessário revisar as condições de acesso a um universo simbólico de laços sociais.

Como já assinalamos, essa temática envolve a prática clínica e, não menos importante, as ferramentas teóricas com as quais contamos para nossas intervenções e que orientam a escuta psicanalítica. Nesse contexto, é indispensável gerar um debate aberto.

Atualmente, deparamo-nos com diferentes tipos de consultas que interpelam a nossa posição analítica. Essas consultas são realizadas por pessoas de todas as idades e, muitas vezes, respondem ao "desvio em relação à norma" e seus conflitos. Vemos adolescentes e jovens que manifestam discordância entre o gênero atribuído e o sexo anatômico; outros que se identificam com gênero fluido, cambiante, não binário, assumindo-o como tal. Recebemos consultas que vão além das já clássicas sobre homossexualidade e escolha de objeto sexual. Por exemplo, recebemos pais que consultam porque seus filhos meninos afirmam que são meninas e que desejam ser meninas; pessoas adultas casadas e com filhos que se questionam sobre uma mudança quanto à escolha de objeto ou em relação à sua identidade de gênero. Não poderia descrever detalhadamente todas as variantes que se apresentam, mas, sim, posso afirmar que não existe uma categoria universal para pensá-las. A nossa perspectiva é pensar num psiquismo complexo e heterogêneo (Glocer Fiorini, 1994, 2001a) cujas características intrínsecas nos impedem de qualquer tentativa de universalizá-las. É por isso que podemos generalizar, mas não universalizar. Trabalhamos, de fato, com o singular de cada paciente.

Estamos no campo das migrações de gênero e sexuais, e isso diz respeito aos conceitos de pulsão e de diferença sexual dos quais nos sirvamos.

Psicanálise e gênero

O heterogêneo nas propostas freudianas

Entendemos que a obra de Freud pode ser analisada de muitas maneiras (cronológica, temática, entre outras). Da nossa perspectiva, interessa-nos buscar as diferentes linhas, muitas vezes contraditórias, que é possível extrair dos desenvolvimentos freudianos para, então, fazê-las dialogarem entre si. Com isso, visamos a gerar um *metaponto de vista*, isto é, uma forma de pensamento que acolha essas contradições e, inclusive, heterogeneidades (Glocer Fiorini, 2010a).

Em primeiro lugar, Freud coloca, ao mesmo tempo, duas linhas diferentes sobre a diferença sexual: uma, "a anatomia é o destino" (Freud, 1925/1976e), e a outra, atingir a subjetivação sexuada por meio da resolução do complexo de Édipo-castração (Freud, 1923/1976c e 1924/1976d). Assim, a primeira aponta para o dado, a natureza, como fator determinante, enquanto a outra aponta para a intervenção e o poder dos outros, do histórico-infantil, neste caso por meio dos pais na estrutura da família nuclear clássica. Neste marco está incluído o campo da pulsão como fator indissociável da psicossexualidade que, depois, Freud proporá formas de organizar, ordenar, sob a égide do complexo de Édipo.

Está em jogo no trajeto freudiano uma questão que originou um importante debate sobre a *hegemonia da pulsão e o poder do endógeno* versus *a hegemonia da outridade*. Seria a pulsão apenas uma categoria do mundo interno ou estaria delineada a partir do outro e os outros (Green, 2003)? Seria preciso se situar numa das polaridades excluindo a outra? Isso remete a outra posição-chave: natureza *versus* cultura. Por isso, resgatamos os escritos sociais nos quais Freud se interna no campo das determinações culturais, sociais, míticas, entre outras. O interjogo mundo interno-mundo externo está presente ali. Atualiza-se a necessidade de abordar o outro "encarnado", de procurar as diferentes formas como ele se apresenta e age.

Assim, quando falamos de *metaponto de vista*, referimo-nos também a epistemologias que permitam operacionalizar esses fatores, aparentemente excludentes entre si.

Quanto às variantes sexuais na obra freudiana, lembremos que, em *Três ensaios sobre a teoria da sexualidade*, Freud (1905/1976a) diferenciou a inversão (homossexualidade) das perversões, além de distingui-la do campo das degenerações. Sem dúvida, ele também apresentou outras interpretações, e é nisso que reside a complexidade da sua obra. Posteriormente, no caso da jovem homossexual, Freud claramente assinalou que, do ponto de vista psicanalítico, não se devia tentar "curar" a homossexualidade, sublinhando a existência, na clínica, de apresentações egodistônicas e egossintônicas (Freud, 1920/1976b). Muito mais foi pensado sobre esse assunto após a obra freudiana, mas nela encontramos alguns germes sobre o tema que é interessante desenvolver.

Lembremos também que não há nos textos freudianos referências ao transexualismo ou a questões ligadas à identidade de gênero. *E, certamente, na época de Freud, também não existia a categoria "gênero".*

Polêmicas pós-freudianas

A concepção de diferença sexual que for considerada impacta na compreensão das migrações sexuais e de gênero. Freud coloca claramente que o mundo anárquico pulsional se organiza sob o domínio do complexo de Édipo, incluindo o acesso à diferença sexual. As polêmicas começam quando Freud ainda vivia, sendo introduzidas, em sua maioria, por psicanalistas mulheres discípulas de Freud; tais polêmicas constituíram um ponto de partida de debates posteriores, mais sofisticados (Klein, 1945/1964; Chasseguet-Smirguel, 1964/1977). Embora, no campo psicanalítico, sempre tenha se tentado desligar a noção de diferença sexual de uma referência exclusiva à anatomia, a diferença terminou ficando associada "ao valor fálico" como exemplo de potência, poder e força. Esses debates giram em torno do conceito de inveja do pênis e propõem pensar sobre se tal noção seria secundária a uma ordem fálica ou se ela faria parte dessa ordem de forma primária, sendo, então, de caráter estrutural. *No entanto, trata-se de um debate (inveja do pênis primária ou secundária) que se desenvolve em termos dualísticos, apenas invertendo-se os termos em jogo, como veremos de forma mais aprofundada depois. Nesse sentido, seu alcance é limitado, mesmo sendo útil.*

Se avançarmos ainda mais, lembremos que, para Lacan, o falo se desliga da anatomia e passa a ser significante da falta, um significante neutro. O autor francês propôs várias alternativas, tendo sempre como ponto de partida a consideração do falo como um significante maior, do desejo e da falta (Lacan, 1966/1971). Primeiro, ele apontou que não existe significante para a mulher (Lacan, 1955[1956]/1988). Isso era uma clara referência a uma ordem fálica. Depois, postulou que "a Mulher não existe", o que revela a pressuposição de que, para ele, não haveria uma categoria universal para as mulheres, já que nem todas respondem com um "sim" à castração. Finalmente, Lacan propôs um gozo feminino, suplementar ao gozo fálico, que se trataria de um gozo infinito, por fora do simbólico, que seria próprio da posição feminina, independentemente de quem a ocupar (Lacan, 1972[1973]/1981). *No entanto, complementar ou suplementar, sempre a referência que opera como eixo é a da função fálica, e isso limita as possibilidades de compreensão do amplo campo do feminino, bem como da noção de diferença sexual.* Em relação aos matemas da sexuação descritos por este autor, embora, na sua visão, qualquer indivíduo, homem ou mulher, possa se situar numa das duas posições (masculina ou feminina), trata-se de uma proposta que merece ser debatida, visto que adotar a função fálica como ordenador supõe um substrato androcêntrico, mesmo quando o significante falo é diferenciado do pênis. Isso compartimenta a escuta e interpretação das sexualidades polifônicas.

Polêmicas contemporâneas: pulsão, psicossexualidade e gênero

Como já assinalamos, um ponto atual do debate no campo psicanalítico focaliza termos de pulsão/sexualidade *versus* gênero, em consonância com as polêmicas presentes, que, em geral, são apresentadas em termos dicotômicos. *As noções de pulsão e psicossexualidade são cruciais no desenvolvimento da teoria psicanalítica.* Nesse contexto, embora o conceito de gênero seja uma noção rejeitada por algumas correntes psicanalíticas, considero necessário pensar se ele seria útil para ampliar nossa compreensão das diversidades sexuais e de gênero, bem como para nos ajudar a refletir sobre suas concordâncias e discordâncias em relação à psicanálise. Nessa linha, as perspectivas de gênero deveriam ser utilizadas em psicanálise em interface com o campo da sexualidade e do desejo.

Nesse ponto, é preciso salientar que as primeiras teorias de gênero, embora dissociem o gênero como categoria cultural do sexo anatômico, mantêm os dois gêneros clássicos, mesmo postulando uma revisão necessária sobre a subordinação do gênero feminino. Posteriormente, as teorias pós-gênero, *queer*, irão desarticular esse dualismo em consonância com um pensamento de multiplicidades (Braidotti, 1994/2000).

Breve revisão

No âmbito de diferentes disciplinas, surgiram, desde meados do século XX, as teorias de gênero. Este é um conceito que não existia com anterioridade, o que não quer dizer que as problemáticas de gênero não se apresentassem; elas só não estavam nominadas. Já desde os anos 1950, a medicina (Money, Hampson & Hampson, 1957) tinha trabalhado com o conceito de gênero com crianças pseudo-hermafroditas às quais, por uma decisão médica, era atribuído um gênero determinado por considerar-se que, se isso fosse feito antes dos 2 anos de idade, seria inamovível. Isso não se verificou em alguns casos, e, atualmente, essa fixidez do gênero atribuído é discutida. Posteriormente, Rubin (1975) propôs dissociar o sexo anatômico do gênero, este último sendo determinado pela cultura. Sem dúvida, os primeiros feminismos na Inglaterra e em outros países confluíram com as teorias de gênero ao partirem das problemáticas sociais associadas à iniquidade existente, embora não haja uma sobreposição total entre essas correntes e disciplinas. Também cabe assinalar que as teorias de gênero foram se ramificando em diferentes vertentes, existindo debates de peso entre as próprias teorias de gênero. Tais debates adotam diferentes formas. Uma delas envolve as primeiras teorias de gênero, que se sustentam nos dois gêneros clássicos, reivindicando um lugar socialmente igualitário para as mulheres. Outras abordagens reivindicam a diferença entre os gêneros. Uma outra, ainda, como já apontamos, é a que foi proposta pelas teorias *queer* ou pós-gênero, que questionam a fixidez dos gêneros e propõem, pelo contrário, aumentar a mobilidade do conceito de identidade em relação aos gêneros. Em outras palavras, a categoria "identidade" passa a ser questionada.

Nesse contexto, se voltarmos para a psicanálise, observamos que alguns psicanalistas se opõem a tratar as teorias de gênero no campo psicanalítico porque consideram que tais teorias ignorariam o campo pulsional ou proporiam o conceito de gênero como uma categoria plena, sem fissuras nem vazios. Nesse sentido, consideram que, ao ocupar-se dessas teorias, destruiriam uma suposta "essência" da psicanálise. Indubitavelmente está em questão quem define e como é definida a pureza da psicanálise, e, certamente, isso evidencia a dimensão do desconhecimento sobre o tema "gênero". Essa é uma questão a ser discutida porque ela tem fortes efeitos na clínica. Assim, estaríamos ante a obrigação de escolher entre a "verdadeira" psicanálise, com eixo no pulsional, ou nos centrar na necessidade de repensarmos o que entendemos por pulsão, por psicossexualidade e suas relações com a outridade. Esta última é a nossa escolha.

Avançando mais, seria impossível mencionar todos os psicanalistas que trabalharam em questões vinculadas às diversidades sexuais e de gênero. Alguns deles colocaram que a homossexualidade é uma perversão; outros a apresentaram como uma defesa ante ansiedades psicóticas. Para J. McDougall (1982/1987), as "neossexualidades" seriam novas versões da sexualidade humana e remeteriam a um trabalho de criação/solução por meio de argumentos erótico-teatrais diante de experiências traumáticas próprias do desenvolvimento psicossexual. Em relação ao transexualismo, especificamente, também existem muitos debates em andamento. Para alguns autores, trata-se de uma psicose latente (Millot, 1983) que poderia se reorganizar por meio de uma "suplência do nome-do-pai", que, em ocasiões, pode ser a intervenção cirúrgica. Para outros, responderia a um núcleo paranoide localizado. Stoller (1968) a denominou disforia de gênero. Outros autores postulam que o transexualismo poderia corresponder a diferentes estruturas psíquicas, discriminando, então, caso por caso. Atualmente, o transexualismo foi eliminado da lista das patologias psiquiátricas (MHO). Na nossa proposta, a incongruência de gênero não implica *per se* doença mental.

Como já assinalei, para podermos pensar nessas apresentações cambiantes da sexualidade, devemos incluir a categoria "gênero" sempre em inter-relação com o campo pulsional. O gênero é uma construção cultural, discursiva e subjetiva que começa quando é atribuído um gênero ao bebê ao nascer ou antes. Historicamente, ele é identificado no marco da dicotomia normativa oferecida pela cultura: masculino ou feminino, baseada na diferença anatômica. Hoje, existem outras variáveis, inclusive legais, que descentram essa dicotomia.

Como já salientamos, as teorias *queer* ampliam os pontos de debate a serem considerados. As contribuições dos estudos de pós-gênero são muitas. Butler (1990) desenvolveu o conceito de gênero como mascarada, enfatizando o papel da performatividade aplicado a essa temática e acentuando seus efeitos no campo da subjetividade sexuada. Nesse ponto, é interessante lembrar Riviere (1929/1979) e sua proposta da feminidade como máscara, embora essa autora tenha utilizado a noção em outro sentido, de caráter defensivo diante da inveja do pênis.

Da mesma forma, é necessário abordar as relações entre o humano e a máquina, já que expressam as mudanças produzidas nas últimas décadas sobre a concepção do sujeito e também da diferença sexual. Isso foi antecipado pela ficção científica. Seres sem gênero ou gêneros cambiantes, sexualidades múltiplas povoam as ficções e realidades passadas e presentes, com antecipação do futuro. O cinema e a literatura descrevem essas variantes com muita sutileza e precisão.

Tudo isso muda a certeza quanto a conceitualizar o gênero em termos dualísticos. A meu ver, a prática de compartimentar rapidamente essas questões é muito tranquilizadora, mas nos desvia dos problemas teóricos em jogo e, sem dúvida, tem efeitos não desejados no trajeto da cura e na vida de cada pessoa.

Seria, então, o gênero algo fixo que se limitaria aos compartimentos "masculino" e "feminino"? Se considerarmos que se trata de uma categoria baseada em identificações, estaremos autorizados a pensar que ela alude a uma identidade subjetiva, mas não como algo fixo e estável, mas como uma expressão de movimentos identificatórios no campo da subjetividade. Isso implica levar em conta que há ancoragens necessárias, mas, ao mesmo tempo, variações que incidem permanentemente na construção subjetiva do gênero. É um interjogo que continua operante durante toda a vida de uma pessoa. Isso envolve continuidades e descontinuidades. A escuta psicanalítica também deveria focalizar esses movimentos identitários/identificatórios que certamente estão em relação crucial com a psicossexualidade.

Ora, se avançarmos nesse tema conceitualmente, trata-se de distinguir dois campos diferentes: um é o campo da sexualidade e o desejo, que inclui a escolha de objeto sexual do outro sexo ou do mesmo; e o outro é o campo da identidade de gênero, que aponta movimentos identificatórios relativos ao ser, mesmo que com certas ancoragens necessárias. Indubitavelmente, trata-se de uma divisão operacional, já que há misturas entre ambos os campos.

As homossexualidades apontam, em geral, para o campo do desejo, e as transexualidades se referem predominantemente ao campo da identidade baseada em identificações, ainda que ambos os campos possam se entrecruzar. Como assinalei, hoje não é mais possível falar de homossexualidade, mas de homossexualidades. O mesmo ocorre com as heterossexualidades e com as transexualidades. Nesse sentido, é apressado tentar conter as múltiplas manifestações da sexualidade e os gêneros em diagnósticos psicopatológicos fixos que patologizam *a priori* essas apresentações. Tudo depende de cada apresentação e de qual é a estrutura psíquica que a acompanha (Glocer Fiorini, 2010b).

Por isso, nós as entendemos como uma montagem, uma trama de zonas psíquicas diversas que conceitualizamos sob a denominação de "magma psíquico" (Castoriadis, 1986/1996) visando a pensar o psiquismo em sua multiplicidade. É preciso esclarecer que isso se diferencia marcadamente do ecletismo, já que está em jogo o juízo crítico e não uma coexistência indiferente de variáveis.

É nesse contexto que se faz necessário abordar se as funções de terceiridade simbólica estão funcionando. Isso significa analisar o campo simbólico possível em cada paciente, tanto o já construído quanto aquele a ser construído. Esse é um critério clínico de extrema importância.

Debates vigentes (teórico-clínicos)

Como apontamos anteriormente, nos debates sobre o gênero está em jogo a relação existente entre o campo pulsional-sexual e a multiplicidade de efeitos que provêm do contexto de outridade no qual se constitui cada sujeito. Seriam duas áreas independentes? Ou, antes, não estariam articuladas de forma às vezes invisível? Essa relação aparece abordada de diferentes perspectivas nas obras de Freud (1925/1976e), com os outros materno e paterno encarnados no complexo de Édipo e no pré-edipiano; de Klein (1945/1964), com a relação de objeto; de Winnicott (1959/1991), com o espaço transicional como intermediário entre a criança e a mãe; e de Lacan (1972[1973]/1981), com o outro imaginário e simbólico. Também foi tratada por Green (2003/2005), que ampliou conceitos sobre a relação sujeito-objeto e a terceiridade, bem como por Laplanche (1999/2001), que focalizou a primazia do outro, entre múltiplas contribuições para o tema.

Em relação ao conceito de outridade, nós o entendemos num sentido amplo. Estão contidos nele os outros da realidade cotidiana, os outros significativos, os outros simbólicos e imaginários, o outro benévolo, promotor da construção subjetiva, e o outro maligno, que arrasa com a produção subjetiva. Nessa trama, constata-se que a outridade está implicada nos interstícios da produção de subjetividade. Em outras palavras, a outridade tem uma significação simbólica, mas não é um conceito abstrato. Está "corporizado" em cada movimento do dia a dia, em cada movimento das culturas e subculturas vigentes em diferentes épocas, em cada temporalidade em jogo, em cada movimento historizante, bem como em cada moção de estruturação psíquica.

Renovamos, então, a pergunta: a partir da psicanálise, deveria ser discutido ainda se o mundo externo impacta na pulsão/sexualidade/desejo? De fato, seria impossível abordar a construção subjetiva, dentro dos parâmetros freudianos, independentemente do outro e dos outros significativos. Então, mais do que pensar se o mundo exterior e o campo da outridade têm influência na construção da subjetividade, deveríamos investigar seus *modos de relação*, já que estão intrinsecamente incluídos nos processos de subjetivação.

Da mesma forma, já propusemos, no nosso percurso, discussões de peso sobre o conceito de pulsão e suas fontes. Não é mais possível afirmar que se trata de uma categoria que surge de fontes exclusivamente endógenas. As zonas erógenas não se ativam, de fato, pela intervenção materna? É possível desconhecer que há zonas erógenas diferentes das clássicas e que qualquer parte do corpo pode se transformar numa zona erógena? E mais: o desejo não está, de fato, marcado pelas experiências precoces?

Lembremos Freud (1933[1932]/1976f), quando propõe considerar que a mãe é a primeira sedutora a partir dos cuidados corporais, afirmando que, na trama desses contatos, são ativadas zonas erógenas.

Ele também postulou que, além das zonas erógenas clássicas, outros lugares do corpo podem ser erogeneizados. Mas é preciso assinalar também que a mãe conhece os gêneros consciente e inconscientemente, e isso faz variar sua aproximação do menino ou da menina, seja em termos de contatos corporais ou da linguagem. Isso abre uma ampla perspectiva para pensar nos efeitos gerados não apenas por parte da mãe, mas dos outros significativos. Nesse contexto, é inevitável traçar conexões entre as características desses contatos e os discursos vigentes em cada época sobre a diferença sexual.

Por outro lado, esses confrontos induzem a pensar o complexo caminho de construção da subjetividade sexuada e a pensar a psicanálise com outro substrato epistemológico. Esse caminho nos conduziu ao que Morin (1990/1995) denominou de *pensamento complexo*.

Em outras palavras, hoje existem outras formas de pensamento, derivadas de lógicas não binárias, da multiplicidade, que vão além da escolha entre duas polaridades dicotômicas. Trata-se de uma perspectiva baseada na complexidade, nas interseções e nos efeitos recursivos entre duas categorias. Isso extrapola amplamente a simples relação causa-efeito e convida a pensar em tramas de multiplicidades. Nessas tramas, as operatórias simbólicas de subjetivação são mais complexas.

Nessa linha, é preciso acrescentar que, em nosso entender, não há uma ordem simbólica fixa, eterna e inamovível; pelo contrário, nós sempre nos referimos a ordens simbólicas, em plural, com o propósito de enfatizar os aspectos de mobilidade e historização nesse âmbito.

Problemáticas abertas

Se voltarmos às problemáticas apresentadas, há debates ainda vigentes no campo psicanalítico.

É preciso levar em conta, em primeiro lugar, que nas teorias de Freud sobre o desenvolvimento psicolibidinal da menina e do menino está implicada também uma teoria sobre os gêneros, a qual deveria poder ser discutida. Tal teoria indica um ideal de masculinidade e feminidade aos quais seria preciso corresponder. De acordo com a resolução do Édipo, no caso da menina, seria a maternidade, como meta inaugural da sexualidade; ao menino caberia um mandato de masculinidade sem fissuras, sustentado no "valor fálico".

Nesse marco, reiteramos que, para Freud, a pulsão não era uma essência própria do mundo interno, pois as zonas erógenas, para ele, estavam em relação com o outro. E nem o poder do outro e os outros é total e absoluto na teoria de Freud. Tanto a pulsão, por um lado, quanto os discursos dos outros significativos, pelo outro, tinham, para ele, fontes próprias e limites precisos. Mas também possuíam "zonas porosas" que permitiam que entrassem em relação e se determinassem mutuamente.

Poderíamos dizer que, assim como nos significantes enigmáticos de Laplanche (1999/2001), *a pulsão informa o gênero, e o gênero, a pulsão*. Nessa trama também está presente o corpo biológico-anatômico e suas significações. *Trata-se de uma tríade (corpos-pulsão-gênero), com concordâncias e discordâncias, que sustentam a construção da subjetividade sexuada e pela qual circulam mensagens em forma recursiva*. Essas mensagens transformam tais variáveis num sistema que não chega a uma solução harmônica entre todos seus elementos. Amplia-se, assim, a dicotomia masculino-feminino, junto com suas incertezas, sem deixar de incluí-la.

Essa conceitualização implica sustentar o valor do pulsional-sexual, mas não em forma independente de outras determinações. Isso significa expandir a escuta para um conceito complexo de campo pulsional: *um campo pulsional relacional*. Como já foi assinalado, a pulsão em relação com os outros já tinha sido considerada por Freud, Klein, Winnicott, Lacan, entre outros.

Isso implica um conceito de sujeito pensado como uma trama de multiplicidades psíquicas que se caracterizam por sua heterogeneidade – com ancoragens simbólicas necessárias –, em contraste com aquelas concepções que propõem um sujeito unitário e harmônico. Aproximamo-nos desse enfoque no intuito de considerar quais universos múltiplos habitam a subjetividade (Guattari, 1992/1996).

Interrogamo-nos também sobre os *ideais vigentes sobre o par masculino-feminino*. São ideais culturais, mas também passam a fazer parte do eixo narcisista na forma de Ideal do Eu.

Entendemos que esses ideais respondem a discursos e práticas sociais profundamente arraigadas na cultura, na linguagem e na subjetividade de cada indivíduo e que têm suas raízes em concepções androcêntricas sobre as relações sociais e familiares. Para a clínica, pensar apenas em termos da polaridade masculino-feminino como ideais normativos, sem levar em conta suas misturas e devires, não basta para dar conta das apresentações cambiantes da sexualidade e os gêneros, conduzindo a gargalos sem saída.

Nesse marco, perguntamo-nos se o complexo de Édipo-castração clássico e sua resolução ideal seriam suficientes para analisar essas apresentações (Glocer Fiorini, 2014, 2015). O complexo de Édipo responde à estrutura da família nuclear e aceita um único tipo de resolução da sexualidade tanto para o menino quanto para a menina no marco dos ideais vigentes, masculino e feminino. Por isso, apontamos a necessidade de pensarmos num Édipo ampliado que expanda o âmbito da família nuclear: pai-mãe-filho/a (Deleuze & Guattari, 1972/1973). Nossa proposta é a de trabalhar com o Édipo como um fato da clínica, mas não como um universal que só contempla uma saída normativa, dualística, para a construção de subjetividade sexuada. Isso pode se transformar num obstáculo para pensar tanto as subjetividades plurais como também a posição feminina, já que é insuficiente para analisar a multiplicidade de itinerários do desejo e variantes de gênero que se apresentam na atualidade.

Outra problemática a ser abordada nesse contexto é a de como conceitualizar a *família e, principalmente, as funções materna e paterna* nos processos de subjetivação que costumam ser atribuídos a mães e pais conforme seu gênero e sexo biológico. Em outras palavras, hoje constatamos que a apresentação de outras subjetividades sexuadas e organizações familiares não convencionais, incluindo famílias monoparentais, conduz-nos a pensar mais em termos de funções, de cuidados e simbólicas do que em termos personalizados. Isso é fundamental para pensar como se estruturam simbolicamente as crianças que crescem nesse tipo de família.

Isso aponta uma questão importante: o que acontece com os filhos de casais que não respondem aos cânones normativos corriqueiros? Em outras palavras, se a homossexualidade é considerada uma perversão, os eventuais filhos de casais homossexuais deveriam ser considerados perversos? Nossa abordagem consiste em pensar em termos de funções (de cuidados e simbólicas) que podem não coincidir com os personagens mãe e pai e que podem ser independentes do gênero ou até das características dos corpos sexuados. Trata-se de encarar na forma mais ampla possível a construção simbólica de subjetividade. Pensar que ela depende apenas de assumir uma identidade masculina ou feminina, ou, então, uma posição heterossexual resulta insuficiente.

Os pontos mencionados estão relacionados e não podem ser considerados em separado.

Indubitavelmente, nessas questões também está fortemente envolvida a posição feminina. Entendo que o "repúdio à feminidade" (Freud, 1940[1929]/1976g) está também relacionado com o repúdio a outras formas de sexualidades nas quais frequentemente é rejeitado tudo o que é relacionado com o feminino. Isso não é apenas uma problemática pulsional nem unicamente do complexo de castração masculino, entrelaçando-se, pelo contrário, com discursos sociais fortemente enraizados e encadeando-se, inclusive em teorias pós-freudianas e contemporâneas, a uma ordem fálica apresentada como eterna e inamovível.

No subsolo desses discursos, mandatos e teorias, estão em jogo relações de poder. Estas são parte de todo campo intelectual (Bourdieu, 1998/1999), incluindo certamente a psicanálise, e abrangem também tradições, mitos, imaginários compartilhados que se expressam na vida cotidiana. Isso se dá num consenso de significações de cada época relativo às relações de poder entre os gêneros e que diz respeito a diferentes âmbitos culturais, históricos, étnicos e religiosos.

Confrontos entre teorias – confrontos entre paradigmas

Para abordar esses temas, aparto-me do pensamento binário e utilizo outros enfoques pós-binários. Isso não anula as dicotomias próprias da linguagem e a cultura, mas permite ir além ao incluir três ou mais variáveis para se aproximar da heterogeneidade do psiquismo (Glocer Fiorini, 1994, 1998, 2001a, 2015).

Essa proposta está conectada com as ideias de Deleuze (1980/1994) sobre o pensamento rizomático *versus* o pensamento arborescente.

Dessa maneira, chegamos ao conceito de polifonia (Bakhtin, 1978/1993) no campo da crítica literária. Ao analisar a obra de Dostoievski, Bakhtin argumenta que nela coabitam várias vozes que interagem no texto. Essa concepção polifônica da narrativa me levou a pensar nas *polifonias da sexualidade e dos gêneros*, no sentido de vozes heterogêneas que expressam os diferentes caminhos que podem se desenvolver e, mais, coexistir num mesmo sujeito.

A isso se soma outro conceito do mesmo autor: o de *dialógico*, referido ao papel do outro na construção da obra literária, em todas suas significações. Entendo que é um conceito de muita utilidade se o ampliarmos para pensar na incidência da outridade na construção de subjetividade. Falo do outro em seus múltiplos cenários: em seus aspectos imaginários, em suas encarnações reais e em seus efeitos simbolizantes. Assim, os conceitos de polifonia da sexualidade e o dialógico convergem para poder pensar tanto na organização do psiquismo quanto nos diversos itinerários da sexualidade e dos gêneros.

Estamos em presença de novas práticas e sentidos. Foucault (1985) se perguntava: "há uma verdade sobre o sexo?" Diante desse dilema, podemos dizer que o debate sobre as diversidades sexuais e de gênero se dá em vários planos que não se excluem entre si e que impactam na prática clínica.

> *Avançando na nossa proposta, a primeira questão que gostaria de sublinhar é que diferencio debates entre teorias de debates entre paradigmas. Pode haver teorias em confronto que, no entanto, respondem ao mesmo paradigma (Glocer Fiorini, 2019).*

Se consideramos o *debate entre teorias*, constataremos que a polêmica sobre a polaridade masculino-feminino tem relação direta com as teorias sobre a diferença sexual e, em consequência, sobre como entendemos as migrações sexuais e de gênero. Por exemplo, no interior da psicanálise, o conhecido debate entre feminidade primária ou secundária, ou entre inveja do pênis primária ou secundária, é um debate entre teorias opostas, mas que respondem a um mesmo modelo de pensamento, a uma lógica binária, já que, em definitivo, apenas são invertidos os polos da dicotomia. O mesmo acontece com o dualismo mundo interno-mundo externo.

Da mesma maneira, jogar com a polaridade masculino-feminino, também invertendo o "valor" de seus termos (por exemplo, outorgando qualidades, valores e poderes ao feminino), responde a outra teoria, mas a um mesmo paradigma, a uma lógica dualística.

Nesse sentido, enfatizamos que o próprio Freud (1933[1932]/1976f) tinha apontado que masculino e feminino eram categorias de conteúdo incerto e que respondiam fundamentalmente a significações culturais e biológicas, mas que não tinham significação de um ponto de vista psicanalítico. Por isso, ele remetia ao par ativo-passivo, fazendo-o também com reservas.

Lembremos que a lógica binária é comumente utilizada para pensar os processos de subjetivação sexuada. O problema é que refletir dualisticamente no campo das multiplicidades nos conduz a becos sem saída. Essa interpretação dicotômica no plano da sexualidade e dos gêneros responde a uma lógica androcêntrica. Nesse sentido, lembremos a Bourdieu (1998/1999), quando este afirmava que uma disciplina deveria limitar seus objetos de estudo, mas também aceitar se constituir em si mesma em objeto de estudo revisando seus próprios esquemas de percepção e conhecimento. E isso também concerne à psicanálise.

Se agora focamos o *debate entre paradigmas* é porque este aponta para outros modelos de pensamento em jogo. Para Kuhn (1962), diante de mudanças históricas nas relações humanas, surgem também redefinições nas lógicas que as sustentam. Por exemplo, é radicalmente diferente abordar a construção de teorias baseando-se em oposições dicotômicas de apontar para modelos epistemológicos e lógicas complexas em que podem coexistir, em tensão, mais de duas variáveis, além do *ou*. Isso implica também abordar que tipo de relações, em concordância ou discordância, estão em jogo entre essas variáveis. Com esse modelo, as dicotomias ficam mais complexas: aparecem linhas de fuga que as descentram.

Estamos em presença de lógicas hipercomplexas, de interseções, que trabalham em sínteses disjuntivas (Deleuze & Guattari, 1980/1994) e que visam a quebrar o que Morin (1990/1995) denominou de paradigma da simplicidade. Trata-se, assim, de um confronto de teorias e de um confronto de lógicas e paradigmas. São categorias diferentes, embora ambas estejam em relação.

Nessa linha, não se trata de opor sexualidade e gênero, ou psicanálise e teorias de gênero. Trata-se de trabalhar ambas as categorias em interface, com outras ferramentas, nos limites, nas fronteiras, com suas concordâncias e discordâncias. Em outras palavras, de *habilitar os limites.*

Certamente, todos nós estamos atravessados pela lógica dicotômica, mas o desafio é abordar um interjogo com lógicas paradoxais e da heterogeneidade e, dessa maneira, incluir as dicotomias em complexidades maiores. Por isso, proponho pensar a categoria "diferença" num campo de pluralidades que, por sinal, é diferente de uma indiscriminação caótica sem referentes simbólicos. Pelo contrário, essas lógicas estão atravessadas por operatórias simbólicas que funcionam como ordenadores, que, por sua vez, são diferentes nas diversas culturas e subculturas.

O psiquismo é heterogêneo: entre as determinações biológico-anatômicas, as identificações (incluídas as de gênero) e a escolha de objeto no campo do desejo, nunca há concordâncias absolutas (Glocer Fiorini, 1994, 1998). O sujeito se constitui nessas interseções. Como salientamos anteriormente, há um circuito de "informações" entre os corpos, a pulsão, a psicossexualidade, o gênero/identificações e os outros significativos. Trata-se de um sistema de três ou mais variáveis pelo qual circulam mensagens em forma recursiva. Essas mensagens transformam tais variáveis num sistema, mas este não chega a uma solução harmônica entre todos seus elementos.

Diversidade e diferença

Nesse percurso, está incluída o modo como conceitualizamos a *categoria "diferença sexual"*, já que, normalmente, considera-se que o acesso a essa diferença e seu reconhecimento é indispensável para a construção simbólica de subjetividade. A nosso critério, pode haver uma escolha de objeto sexual do mesmo sexo, e isso não implica que não haja acesso à categoria "diferença" num sentido simbólico, se ela for considerada num sentido ampliado e em toda sua complexidade. Este é um ponto crucial.

Não se trata, de fato, apenas de ter acesso à diferença sexual e aceitá-la. Como desenvolvi em outras publicações (Glocer Fiorini, 2001a, 2015), *há uma trama de diferenças significativas que dizem respeito à construção de subjetividade num sentido simbólico: diferença psicossexual, de gêneros, anatômica* (sempre significada por narrativas médicas, filosóficas, religiosas), *discursiva, linguística, a diferença como distinção* (Heidegger, 1988), *entre outras variáveis. Um ponto fundamental que marca o acesso à categoria "diferença" é o reconhecimento da alteridade num sentido simbólico* (Fraisse, 1996).[2]

Nesse contexto, consideramos necessário distinguir as noções de *diversidade e diferença.*

---

2 O enigma da diferença sexual é a categoria "diferença" em si; trata-se de "um espaço vazio" sobre o qual são construídas narrativas e relatos que frequentemente são projetados sobre o feminino (Glocer Fiorini, 2001, 2015).

A diversidade aponta as multiplicidades que podem adotar os itinerários do desejo, bem como a mobilidade e incerteza dos gêneros clássicos. Abrange as variadas formas que adotam as apresentações subjetivas, que não se organizam em termos de oposições dicotômicas, mas de multiplicidades (de gênero, sexuais, religiosas, étnicas, de classe, raça, entre outras). A diversidade e suas multiplicidades geram, muitas vezes, rejeição pelo outro, pelo diverso, pelo que é sentido como um ataque contra o Eu.

Já a categoria "diferença" aponta uma ferramenta simbólica de grande complexidade na construção de subjetividade. Nesta série, a diferença sexual é *uma* das variáveis em jogo, sempre significada pela cultura. Nesse sentido, proponho distinguir entre a operatória "diferença simbólica" e os diferentes planos, já mencionados, nos quais a categoria "diferença" pode se apresentar e que não são unicamente a diferença sexual.

Como operatória simbólica, trata-se de aceder à categoria "distinção" num sentido heideggeriano, com ferramentas que apontem uma inserção num universo simbólico. Isto implica incluir esses diferentes planos e suas significações variadas nos discursos coletivos e no psiquismo de cada sujeito. As fantasmáticas em cada sujeito não são apenas filogenéticas, mas também estão determinadas pelos discursos vigentes. A diferença sexual em si mesma é um enigma, ela remete a uma opacidade que é automaticamente deslocada para as mulheres e o feminino.

Então, pode-se constatar que se configura uma trama na qual a diversidade e a diferença em seus múltiplos sentidos entram em complexas relações, de concordância e oposição. Isso só pode ser analisado em interfaces.

Nesta multiplicidade de diferenças e diversidades, atravessadas por determinações intersubjetivas e transubjetivas, ou seja, pelo campo da outridade, é construída a subjetividade, além de uma orientação sexual para cada sujeito.

A meu ver, isso muda a forma de pensar as apresentações cambiantes da sexualidade e dos gêneros. *Da diferença à diversidade e da diversidade a outras operatórias simbólicas de diferença*: isso implica pensar em subjetividades em movimento, em devir.

Nesse marco, resgatamos uma psicanálise que, por definição, é irreverente e subversiva. Como tal, ela abre as possibilidades de repensar os complexos itinerários desejantes e migrações de gênero que se constatam em todo sujeito. Isso é inerente a uma compreensão aberta e renovada do psiquismo e entra em conflito com a rigidez para a qual tendem as teorias já estabelecidas, especialmente em seu centro.

Vivemos numa época de transições, de movimentos críticos, de resistências e contrarresistências, que questiona a ideia de que só existe um único ordenamento simbólico, eterno e inamovível, que comanda a produção subjetiva.

Referências

Bakhtin, M. (1993). *Problemas de la poética de Dostoievski*. Fondo de Cultura Económica. (Trabalho original publicado em 1978).

Bourdieu, P. (1999). *La dominación masculina*. Anagrama. (Trabalho original publicado em 1998).

Braidotti, R. (2000). *Sujetos nómades*. Paidós. (Trabalho original publicado em 1994).

Butler, J. (1990). *Gender trouble*. Routledge.

Castoriadis, C. (1992). *El psicoanálisis, proyecto y elucidación*. Nueva Visión. (Trabalho original publicado em 1986).

Chasseguet-Smirgel, J. (1977). *La sexualidad femenina*. Laia. (Trabalho original publicado em 1964).

Deleuze, G., & Guattari, F. (1973). *El AntiEdipo*. Barral Ed. (Trabalho original publicado em 1972).

Deleuze, G., & Guattari, F. (1994). *Mil mesetas*. Pre-Textos. (Trabalho original publicado em 1980).

Deleuze, G., & Parnet, C. (1980). *Diálogos*. Pre-Textos. (Trabalho original publicado em 1977).

Foucault, M. (1985). *Herculine Barbin llamada Alexina B*. Editorial Revolución.

Fraisse, G. (1996). *La diferencia de los sexos*. Manantial.

Freud, S. (1976a). *Tres ensayos de teoría sexual*. In J. L. Etcheverry (Trad.), *Obras completas* (Vol. 7). Amorrortu. (Trabalho original publicado em 1905).

Freud, S. (1976b). Sobre la psicogénesis de un caso de homosexualidad femenina. In J. L. Etcheverry (Trad.), *Obras completas* (Vol. 18). Amorrortu. (Trabalho original publicado em 1920).

Freud, S. (1976c). *El Yo y el Ello*. In J. L. Etcheverry (Trad.), *Obras completas* (Vol. 19). Amorrortu. (Trabalho original publicado em 1923).

Freud, S. (1976d). *El sepultamiento del complejo de Edipo*. In J. L. Etcheverry (Trad.), *Obras completas* (Vol. 19). Amorrortu. (Trabalho original publicado em 1924).

Freud, S. (1976e). Algunas consecuencias psíquicas de la diferencia anatómica entre los sexos. In J. L. Etcheverry (Trad.), *Obras completas* (Vol. 19). Amorrortu. (Trabalho original publicado em 1925).

Freud, S. (1976f). La femineidad. En *Nuevas Conferencias de introducción al psicoanálisis*. In J. L. Etcheverry (Trad.), *Obras completas* (Vol. 22). Amorrortu. (Trabalho original publicado em 1933[1932]).

Freud, S. (1976g). La cabeza de Medusa. En J. L. Etcheverry (Trad.), *Obras completas* (Vol. 18). Amorrortu. (Trabalho original publicado em 1940[1929]).

Glocer Fiorini, L. (1994). La posición femenina: una construcción heterogénea. *Revista de Psicoanálisis*, *51*(3), 587-603.

Glocer Fiorini, L. (1998). The feminine in psychoanalysis: A complex construction. *Journal of Clinical Psychoanalysis*, 7, 421-439.

Glocer Fiorini, L. (2001a). El deseo de hijo: De la carencia a la producción deseante. *Revista de Psicoanálisis*, *5*(4), 965-976.

Glocer Fiorini, L. (2001b). *Lo femenino y el pensamiento complejo*. Lugar Editorial. [Em inglês: (2007). *Deconstructing the feminine. Psychoanalysis, gender and theories of complexity*. Karnac].

Glocer Fiorini, L. (2010a). The analyst's meta-theories concerning sexual difference and the feminine. In L. Glocer Fiorini & G. Abelin-Sas Rose (Eds.), *On Freud's femininity*. Karnac. [Em espanhol: (2012). Las metateorías del analista acerca de la diferencia sexual y lo femenino. *Revista de Psicoanálisis*, *69*(4), 695-713].

Glocer Fiorini, L. (2010b). Presentaciones cambiantes de la sexualidad. *Revista Uruguaya de Psicoanálisis*, 111(44), 53.

Glocer Fiorini, L. (2014). Repensando o complexo de Édipo. *Revista Brasileira de Psicanálise*, *48*(4), 47-57.

Glocer Fiorini, L. (2015). *La diferencia sexual en debate. Cuerpos, deseos y ficciones*. Lugar Editorial. [Em inglês: (2017). *Sexual difference in debate. Bodies, desires and fictions*. Karnac Books].

Glocer Fiorini, L. (2019). Polyphonies of sexuality: Debates about theories/ debates about paradigms. *The International Journal of Psychoanalysis*, *100*(6), 1256-1269.

Green, A. (2005). *Ideas directrices para un psicoanálisis contemporáneo*. Amorrortu. (Trabalho original publicado em 2003).

Guattari, F. (1996). *Caosmosis*. Buenos Aires, Argentina: Manantial. (Trabalho original publicado em 1992).

Heidegger, M. (1988). *Identidad y diferencia*. Anthropos.

Klein, M. (1964). El complejo de Edipo a la luz de las ansiedades tempranas. In *Contribuciones al psicoanálisis*. Hormé. (Trabalho original publicado em 1945).

Kuhn, T. (1962). *La estructura de las revoluciones científicas*. Fondo de Cultura Económica.

Lacan, J. (1988). La pregunta histérica: ¿Qué es una mujer? In *El Seminario. Libro 3. Las psicosis*. Paidós. (Trabalho original publicado em 1955[1956]).

Lacan, J. (1971). La significación del falo. En *Lectura estructuralista de Freud*. Siglo XXI. (Trabalho original publicado em 1966).

Lacan, J. (1981). *Aún*. Paidós. (Trabalho original publicado em 1972[1973]).

Laplanche, J. (2001). *Entre seducción e inspiración: el hombre*. Amorrortu. (Trabalho original publicado em 1999).

McDougall, J. (1987). *Teatros de la mente*. Julián Yébenes. (Trabalho original publicado em 1982).

Millot, C. (1983). *Exsexo. Ensayo sobre el transexualismo*. Catálogos.

Money, J., Hampson, J. G., & Hampson, J. L. (1957). Imprinting and the establishment of gender role. *Archives of Neurology and Psychiatry*, 77, 333-336.

Morin, E. (1995). *Introducción al pensamiento complejo*. Gedisa. (Trabalho original publicado em 1990).

Riviere, J. (1979). *La femineidad como máscara*. In La femineidad como máscara (Comp.). Tusquets. (Trabalho original publicado em 1929).

Rubin, G. (1975). The traffic in women: notes on the "political economy" of sex. In R. R. Reiter (Ed.), *Toward an Anthropology of Women*. Monthly Review Press.

Stoller, R. (1968). *Sex and Gender*. Karnac.

Winnicott, D. (1991). El destino del objeto transicional. In *Exploraciones psicoanalíticas*. Paidós. (Trabalho original publicado em 1959).

6. A psicanálise antes, durante e depois da pandemia: considerações técnicas[1]

Gley P. Costa[2]

> *A resistência é uma das pedras angulares da teoria psicanalítica.*
>
> Freud (1904/1972)

Desde a sua institucionalização com a fundação da Associação Psicanalítica Internacional (IPA), em 1908, a psicanálise enfrentou vários desafios historicamente marcantes, com proeminência para as duas grandes guerras mundiais, o nazismo e as ditaduras latino-americanas. Em todos esses momentos, os psicanalistas se empenharam em preservar os alicerces da técnica genialmente desenvolvida por Sigmund Freud.

Nos dias atuais, diante da vigência de uma pandemia que teve como palavra de ordem a recomendação de não sair de casa e evitar

1 Trabalho apresentado no 28º Congresso Brasileiro de Psicanálise (Febrapsi) em março de 2022.

2 Médico psiquiatra e psicanalista. Membro fundador, titular e didata da Sociedade Brasileira de Psicanálise de Porto Alegre. Membro da Associação Psicanalítica Internacional. Professor da Fundação Universitária Mário Martins. Autor de livros de psicanálise.

o contato pessoal, a prática psicanalítica sofreu um forte revés. Para se manter trabalhando e manter os pacientes assistidos, a maioria dos psicanalistas adotou o atendimento on-line, o qual modificou o tradicional *setting* analítico.

Disse o pensador William Thatcher (1888-1966) que "em tempo de guerra a verdade é tão preciosa que tem que ser guarnecida por uma escolta de mentiras".[3] Uma frase que, para justificar a "verdade" da necessidade do atendimento online durante a pandemia, poderá criar a "mentira" de que ele não representa um prejuízo para o processo psicanalítico, podendo, por conta disso, continuar sendo adotado depois de passada a pandemia.

Nessa breve introdução, referimos dois conceitos seminais da técnica freudiana, a saber: *setting* e processo, os quais configuram a "situação analítica". Destaca Bleger (1967) que nenhum processo pode acontecer se não há algo dentro do qual possa transcorrer, e esses trilhos por onde se desloca o processo é o *setting*. Em outras palavras: para que o processo se desenvolva, tem de haver um *setting* que o contenha. Diferentemente do processo que é instável e obviamente falante, o *setting* é estável e mudo. Contudo, é da mudez do *setting* que eclodem na transferência as ansiedades neuróticas e psicóticas do paciente.

Quando o *setting* é perturbado, passa a ser processo, porque o que define o *setting* é sua estabilidade. Diz Etchegoyen (2004) que, sempre que modificamos o *setting* em resposta às características do processo, abandonamos o método psicanalítico, estamos recorrendo à técnica ativa. A preservação do *setting*, na nossa maneira de entender, constitui não apenas uma questão técnica, mas também ética, a qual não nos cabe o direito de negligenciar.

---

3 Esta frase é também atribuída a Eiliam Tratcher e a Wiston Churchill.

Evidentemente, não podemos deixar de registrar a importância da flexibilidade com que necessitamos lidar com essa norma técnica, tendo em vista que muitas vezes é a partir de uma ruptura do *setting* que surgem novas configurações do material, mas isso não nos autoriza a modificar o *setting* com fins experimentais. Como lembra o referido autor, "a ruptura do *setting* altera notória e bruscamente as normas de tratamento e, modifica, consequentemente, a situação analítica" (p. 297). Nessa linha, adverte Laplanche (1982) que toda a ação deliberada sobre o *setting* corresponde a um *acting out*, do paciente ou do analista.

Outra possibilidade de mudança do *setting* é a que poderíamos denominar de circunstancial, a qual não prevemos e/ou não podemos evitar. Parece não haver dúvida de que a pandemia nos colocou diante da necessidade de flexibilizarmos o *setting* para tratar nossos pacientes, tanto os antigos quanto os novos. Embora virtual, alguns analistas seguiram atendendo exclusivamente do seu consultório, mas outros intercalaram atendimentos do consultório com atendimentos de casa, eventualmente com os mesmos pacientes. Outros, ainda, passaram a atender exclusivamente de casa, sendo a casa a da cidade, mas alguns se isolaram na praia ou no sítio, de onde igualmente passaram a atender seus pacientes. Entre os primeiros, além de permanecerem no consultório, parte não se deixa ver pelo paciente durante a sessão e, em dois casos que nos relataram, o analista solicita ao paciente que se coloque de costas para a câmera a fim de não o enxergar durante o atendimento. Dessa forma, buscam preservar o *setting* original.

Aparentemente, mais leniente tem sido a postura dos pacientes na flexibilização do *setting*. Eles podem chamar o analista no horário da sessão ou aguardar que o analista informe que se encontra disponível para atendê-lo. Enviar uma mensagem para confirmar o horário ou informar que irá se atrasar cinco ou dez minutos não é incomum, como não é incomum a presença de animais durante a sessão ou mesmo o ingresso de crianças quando o paciente se encontra em casa. Afora isso, ele pode ingressar na sessão do seu escritório, do seu carro ou de qualquer outro lugar, como um banco da praça em frente do prédio em que reside porque não dispõe naquele dia de uma peça em casa onde possa ficar sozinho. Mesmo tendo retornado ao atendimento presencial, tem ocorrido com frequência o paciente ligar ao analista perguntando se é possível realizarem a sessão on-line, como fizeram por um longo período, por encontrar-se impedido de ir até o seu consultório devido a algum evento inesperado. Cabe destacar que a maioria desses pacientes não costumava faltar às sessões ou descumprir o horário combinado.

Supervisionandos têm nos questionado sobre a conduta a adotar em situações nas quais por vezes se sentem constrangidos, como a de uma paciente que realiza sua sessão pela manhã deitada na cama e de um paciente que pediu para continuar o tratamento nas duas semanas que estaria de férias com a família. Durante o período, o paciente realizou as sessões num local afastado na beira da praia debaixo de um guarda-sol porque o apartamento era muito pequeno e não dispunha de um local para manter-se isolado sem ser ouvido pela esposa e os filhos. Também foram descritos casos de pacientes em atendimento virtual que tomam chimarrão ou se alimentam durante a sessão, além de outras situações bem mais inusitadas, como apresentar o cônjuge ou outro familiar e até mesmo mostrar a casa ao analista.

As transgressões ao *setting* na terapia analítica convencional são inevitáveis e comuns a todos os pacientes em todas as etapas do tratamento, mas elas costumam se apresentar em pequenas doses e facilmente os trilhos são retomados para dar continuidade ao processo. Ou seja, somente episodicamente o *setting* vira processo, quando então ele é analisado pelo par analítico. Na pandemia, contudo, se todas as questões relacionadas com o *setting* se tornarem processo, provavelmente não haverá espaço para a análise das associações do paciente. Por essa razão, não nos parece apropriado do ponto de vista técnico dar continuidade a esse modelo depois da pandemia, em que pese ouvirmos de pacientes e analistas argumentos favoráveis à sua manutenção, na maioria das vezes pela comodidade. Colegas que têm retomado o atendimento presencial de seus pacientes observam que alguns não se deitam no divã, como faziam anteriormente, optando por realizarem a sessão sentados de frente para o analista. Aparentemente, procuram manter a situação do período on-line.

Não podemos esquecer que uma das tarefas importantes do trabalho analítico consiste em fazer com que o paciente se dê conta de suas resistências e consiga vê-las como obstáculos ao tratamento, cujas razões devem ser entendidas e, finalmente, superadas. Conforme Greenson (1967), não se pode definir a técnica psicanalítica sem incluir o conceito de análise das resistências, lembrando a íntima relação existente entre resistência, defesa, função do ego e relações objetais. A análise das resistências não consiste num desvio do processo analítico, mas numa tarefa permanente, tendo em vista que a resistência estará sempre presente em cada comunicação do paciente, do início ao término do tratamento. É sabido, no entanto, que esse objetivo não é fácil de ser alcançado, e que o paciente não medirá esforços para tentar justificar ou racionalizar sua resistência e vê-la como apropriada às circunstâncias. Precisamos levar em consideração que a realidade do trabalho analítico representa uma ameaça ao precário equilíbrio obtido pelo paciente às custas da organização de um sistema de defesas estabelecidas ao longo da vida, o qual ele se empenha em manter às custas de resistências ao desenvolvimento do processo analítico.

Não obstante, é indispensável abordar nessas considerações sobre a técnica analítica o conceito de *setting* interno do analista, o qual, de acordo com Donnet (1973), seria o "verdadeiro *setting*" e se apoiaria na clara consciência que ele tem da sua posição de analista. Mais firmemente sobre esse tema se coloca Alizade (2002) ao postular que unicamente o *setting* interno do analista oferece uma maneira de escutar capaz de criar um verdadeiro processo analítico.

De fato, a perspectiva clínica contemporânea enfatiza a importância do *setting* interno do analista e a complexa pluralidade de seu funcionamento na sessão. Esse ponto de vista é reforçado por Green (2012) ao conceber o movimento da sessão como efeito do encontro analítico estabelecido pelo *setting* interno e afirmar que a escuta analítica busca a inteligibilidade do material fora de qualquer linearidade. Para esse autor, o *setting* interno do analista é imprescindível para possibilitar um diálogo, dando lugar a um processo de transformação e até mesmo de estruturação, podendo ser considerado uma interface entre o intrapsíquico e o intersubjetivo.

Embora não constitua uma alternativa, porque integra necessária e permanentemente a situação analítica, o *setting* interno do analista, do nosso ponto de vista, vem representando desde que iniciou a pandemia um instrumento valioso da preservação do processo analítico. Pessoalmente, pensamos que essa experiência, em muitas situações vividas nesse período, possibilitou que flagrantes transgressões do *setting* pudessem ser deixadas de lado para não prejudicar o andamento do processo. Visando ilustrar essas considerações, transcrevemos a seguir uma experiência clínica.

MC é um paciente de 68 anos que, por exigência profissional, durante anos passou frequentes períodos no exterior, desfrutando de uma excelente condição de vida. Com a pandemia, solicitou sua aposentadoria e manteve-se sem sair de casa devido a uma comorbidade que poderia colocar em risco sua vida caso viesse a infectar-se com o coronavírus.

Por conta disso, desde então o seu atendimento manteve-se pela plataforma Zoom. Recentemente, contudo, ao iniciar a sessão, verificamos que não se encontrava em casa, mas na mesa de um café, situado numa área elegante da cidade, tendo em sua frente um copo de bebida que seguiu sorvendo.

Comentamos: "Voltaste a sair de casa..."

Ele: "É, voltei a viver a boa vida!"

Entendemos que se referia ao tempo em que vivia no exterior participando de eventos sociais, ocupando, muitas vezes, a posição de "dono da festa". Sentimo-nos desconfortáveis com aquele *setting* nada analítico produzido e proposto pelo paciente.

Interviemos: "Compreendo tua satisfação de ter conseguido sair de um confinamento de tantos meses, voltar a andar por uma rua de movimento, ver pessoas e até sentar em um café para lembrar os bons tempos no exterior."

Continuamos: "Vou te propor realizarmos a nossa sessão presencialmente."

Ele aceitou sem hesitação e combinamos um horário no dia seguinte. A partir desse momento o atendimento voltou a ser no consultório.

Entendemos que o paciente procurou nos colocar em seu próprio *setting*, no qual ocupava uma posição elevada e coordenava as ações.

Ao mesmo tempo, procurava negar o risco de uma contaminação ao festejar sua saída de casa, em que pese já desde algum tempo ter sido liberado e estimulado pelo clínico a fazê-lo.

Contudo, tomou a decisão por conta própria, sem examiná-la na análise, possivelmente pelo temor de ser impedido pelo "pai analista", reedição na transferência de um pai autoritário do qual se queixava.

Por último, diante do sofrimento imposto a todos pela pandemia, cabia reconhecer o seu prazer de voltar a viver a "boa vida" que por muitos anos teve devido aos seus próprios méritos.

No entanto, é indispensável ainda reconhecer que todos esses aspectos se encontram relacionados à ameaça e ao desamparo criados pela pandemia, a qual criou um mundo novo de sentimentos comuns a pacientes e analistas, os quais carecem de uma depuração pelo *setting* interno a fim de evitar que o processo se afaste demasiadamente do seu foco.

Ao propor a retomada do *setting* tradicional, resgatamos nossa posição analítica e foi possível evitar um desvio do processo. Em outro momento, sem o espectro da pandemia, as mesmas revelações do inconsciente do paciente poderão e deverão ser analisadas.

A título de conclusão, diríamos que as privações impostas por uma pandemia certamente proporcionam a oportunidade de descobrirmos capacidades e recursos até então desconhecidos, mas isso não invalida os conhecimentos acumulados previamente, nem mesmo os substituem. São válidos para a prática naquelas circunstâncias. As oportunas mudanças do *setting* realizadas na pandemia podem ser mantidas para justificar um conforto proporcionado pelo atendimento virtual de que pacientes e analistas não desejam abrir mão, mesmo já tendo retornado à vida normal: reflexo de gratificações narcísicas que contrabalançaram as privações impostas pela pandemia.

Citamos como exemplo, para finalizar, o caso de um paciente que voltou ao trabalho presencial, costuma jantar fora com amigos nos fins de semana e, inclusive, viajou duas vezes de férias com a família, mas que permanece sendo atendido on-line por seu analista. Ele declarou que não deseja voltar às sessões presenciais, as quais frequentou ao longo de vários anos antes da pandemia, porque "eu não vejo nenhuma diferença". A diferença, quem sabe, encontra-se representada pelo divã e sua representação simbólica, que no atendimento virtual deixou de ser visto. Parafraseando Thatcher, diríamos, por fim, que uma verdade durante a pandemia pode representar uma mentira depois da pandemia.

Referências

Alizade, M. A. (2002). El rigor y el encuadre interno. *Revista Uruguaya de Psicoanálisis, 96,* 13-16.

Bleger, J. (1967). Psicoanalisis del encuadre psicoanalítico. *Revista de Psicoanalisis, 24*, 241-258.

Donnet, J. L. (1973). Le divan bien tempéré. *Nouvelle Revue de Psychanalyse, 8*, 23-50.

Etchegoyen, H. R. (2004). *Fundamentos da técnica psicanalítica.* (2ª ed.). Artmed.

Freud, S. (1972). O método psicanalítico de Freud. In *Obras completas de Sigmund Freud* (Vol. 7). Imago. (Trabalho original publicado em 1904).

Green, A. (2012). A clínica contemporânea e o enquadre interno do analista. *Revista Brasileira de Psicanálise, 46*, 215-225.

Greenson, R. (1967). *A técnica e a prática da psicanálise.* Imago.

Laplanche, J. (1982). El psicoanalisis y su cubeta. *Trabajo del psicoanalisis, 1*, 124-144.

7. A contemporaneidade da psicanálise: experiência, autenticidade, presença e intervenção

Roberto Barberena Graña

Talvez se possa começar a conversar sobre o pensamento teórico e a prática clínica da psicanálise na contemporaneidade formulando uma primeira pergunta acerca de uma noção que, no caso, parece-me ser essencial: como se introduziu ou se tornou relevante a ideia de "experiência" em psicanálise?

Antes de tudo, ressaltemos, trata-se aqui da experiência vivida, não de experimentos controlados ou verificados. Experiência, neste contexto, assume o sentido da *Erlebnis* (de *leben*, "viver", e *erleben*, "experienciar"), noção que está no centro da filosofia da vida. A *Erlebnis*, traduzida como experiência ou como vivência, aparece em Hegel, Dilthey, Husserl, Sartre e Merleau-Ponty. A palavra ou ideia remete, pois, ao campo da filosofia, não ao campo da ciência.

Na história das ideias filosóficas, em outra vertente, a noção de experiência remonta ao empirismo britânico. Um empirista entende que somos o que experienciamos, sensorial e espiritualmente. Para falar como Hume: que partimos de impressões elementares, de ideias simples, as quais se associam a outras ideias simples, e logo a outras mais, e que o fluir do processo associativo permite por fim que cheguemos a ter ideias complexas. Transitamos, portanto, das "questões de fato" às "relações de ideias", e assim construímos tanto o eu como uma realidade que lhe é independente. *Nihil in intellectu nisi prius in sensu*; este é um princípio empirista que vigora de Aristóteles a Hume, o mais importante filósofo britânico, que influenciou o associacionismo freudiano e esteve na origem do pensamento fenomenológico.

Antes disso, a meio caminho, encontramos ainda o criticismo kantiano, que, servindo-se do empirismo e do racionalismo, dá um passo além para instituir a ideia de fenômeno, "o que se mostra", o que acontece, o que é "ocorrência" se tomamos o tempo e o espaço como dados. O tempo e o espaço constituem, para Kant, intuições *a priori*, que são as condições de possibilidade do fenômeno.

Fenômeno é, pois, aquilo que podemos perceber, descrever, estudar e procurar compreender ou interpretar. Opõe-se ao fenômeno o *noumeno* (ou númeno), que não é passível de ser conhecido, embora possa ser cogitado, conjecturado ou, poderíamos dizer, "fantasiado": é a *coisa em si* kantiana; inalcançável, definitivamente incognoscível. Freud a equipara ao inconsciente, sobretudo ao inconsciente originalmente recalcado, no terceiro ensaio da série de seus escritos metapsicológicos.[1]

A noção de experiência irá introduzir-se no discurso analítico, porém, bem mais tarde. Não ocorreria a Freud referir-se à psicanálise

1 Freud, S. (1915) *Lo inconsciente*. Obras Completas, vol II, Biblioteca Nueva, Madrid.

como uma experiência, por exemplo. Ele a propunha como um tratamento, uma terapêutica, uma cura. Freud pretendia instanciar a psicanálise como uma ciência natural. A expressão "a experiência da análise", de Lacan, provavelmente o desgostaria.

A ênfase colocada por Winnicott no experiencial, mais do que no entendimento, na compreensão ou na explicação, talvez o deixasse igualmente contrariado. Tanto quanto o desgostara o livro conjuntamente publicado por Ferenczi e Rank, *Perspectivas da psicanálise*,[2] que demarca o começo da crítica da interpretação, da análise dos complexos, e da dita neutralidade psicanalítica que, para Ferenczi, era frequentemente confundida com frieza, formalidade e anempatia (a ausência de sintonia fina com a vivência emocional do paciente), conduzindo à impostura ou "hipocrisia psicanalítica".

Não será infundado defender a tese de que Ferenczi e sua obra demarcam o começo do contemporâneo na psicanálise. O ponto de inflexão no curso relativamente retilíneo que o desdobramento do pensamento freudiano assumira, tópica após tópica, comportava e integrava redescrições, porém não aceitava "desvios". Mas Ferenczi era o extemporâneo na psicanálise, como Nietzsche na filosofia; estava além de seu tempo e, portanto, fora ou contra ele.

A criação da possiblidade da experiência seria um princípio básico a ser observado a fim de evitarmos os desdobramentos inautênticos do trabalho clínico psicanalítico. Assim em Ferenczi, assim em Winnicott, assim em Lacan. Justamente por isso encontramos, nesses autores, recomendações explícitas ou implícitas de discrição. A experiência não é favorecida se o analista é loquaz, prolixo,

---

2 Ferenczi, S. (1993) Perspectivas da psicanálise: sobre a interdependência da teoria e da prática. In *Obras Completas.* Vol III, Martins Fontes. (Trabalho original publicado em 1924).

falastrão, sabichão. O diálogo analítico não é também, obviamente, uma conversação social ou prosaica, uma simples *bavardage*, embora deva fluir de forma espontânea, despretensiosa e despreconceituosa.

Essa atitude clínica por parte do analista é o que possibilitará que a análise assuma uma qualidade autêntica, legítima, verdadeira. Estejamos, pois, atentos aos "analisandos sábios", os que se dedicam a pensar e a falar inteligentemente para obter o amor e a admiração de seus analistas. Esse alerta ferencziano, que se origina do "sonho do bebê sábio",[3] repercute nos estudos de Winnicott sobre os *falses selves* e de Lacan sobre os *faux semblants*. (*Eigentlichkeit/Uneigentlichkeit* [*autêntico/inautêntico*] é a antinomia que encontramos em Martin Heidegger[4]).

Por fim, e consequentemente, as formas de intervenção que bem distinguem a psicanálise contemporânea do método clássico, ou tradicional, primam pelo minimalismo da intervenção. As interpretações, como as concebia Freud, as traduções, construções e reconstituições panorâmicas, prenhes de detalhes e significados, nas quais os analistas de meados do século XX depositavam as maiores esperanças como instrumentos transformadores, tornaram-se obsoletas, não porque sejam ficcionais ou míticas (o campo transferencial, como livre exercício do imaginário, é dominado por mitos e ficções), mas sobretudo por serem alienantes. Por serem as palavras ou as versões de um Outro que se sobrepõem aos supostos equívocos ou ilusões do analisando. Juan David Nasio foi extremamente feliz ao sintetizar em *Os olhos de Laura*:[5] na análise o silêncio é a regra, as

3 Ferenczi, S. (1993) O sonho do bebê sábio. In *Obras completas*. Vol III. Martins Fontes. (Trabalho original publicado em 1923).

4 Heidegger, M. (1971) *El Ser y el Tiempo*. Fondo de Cultura Económica. (Trabalho original publicado em 1927).

5 Nasio, J.-D. (2011). *Os olhos de Laura: somos todos loucos em algum recanto de nossas vidas*. Editora Zahar.

indagações e intervenções clarificadoras são frequentes, as interpretações (*Deutungen*) são raras.

Breve relato de uma experiência pessoal

Em 2008 fui um dos poucos psicanalistas brasileiros convidados para participar do primeiro simpósio internacional *Winnicott avec Lacan* no French Institute of London. Tratava-se de uma promoção conjuntamente patrocinada pela Squiggle Foundation, de Londres, na época presidida por Lesley Caldwel, e pelo Espace Analytique, de Paris, liderado por Alain e Catherine Vanier.

O grupo francês adotara um significante *ad hoc*. Autodenominara-se *Société Ferenczi après Lacan*. Curioso com a forma como eles se apresentavam, indaguei, numa conversa de intervalo com Alain Vanier e Joel Birman – que haviam participado de dois encontros anteriores – acerca da origem desse nome. Eles contaram-me, então, que este era o terceiro encontro que promoviam, que o antecedente ocorrera em Budapeste e ensejara um cotejo entre as obras de Lacan e de Ferenczi, do qual se derivara essa referência nominal. Pensei que *isso*, certamente, falava. E, logo, que isso falava de um novo tempo na psicanálise.

A partir de então estive em contato permanente com essa instituição francesa, fundada por Octave e Maud Mannoni, e acompanhei diversos simpósios e jornadas que se seguiram a esse grande encontro, que foi realizado no Instituto Francês de Londres e deu origem a um livro que reúne todas as contribuições ao evento.[6] O entrelaçamento

6 Graña, R. (2010). Lacan avec Winnicott: sur le miroir, la spécularité et la subjectivation. In C. Vanier & A. Vanier (Eds.), *Winnicott avec Lacan*. Hermann Édicteurs. (Simpósio realizado em 2008).

desses três nomes, desses três anéis, digamos: Ferenczi, Winnicott, Lacan, não mais se desfez na perspectiva que fui a partir de então definindo como um *aperçu* pessoal de algo que pudesse chegar a denominar-se "psicanálise contemporânea".

Um ano antes do encontro mencionado anteriormente neste livro, em 2007, eu publicara *Origens de Winnicott: ascendentes psicanalíticos e filosóficos de um pensamento original.*[7] Nesse livro dediquei cinquenta páginas ao estreito laço teórico e clínico que ligava o pensamento de Ferenczi ao de Winnicott. Quatro anos mais tarde, em 2011, publiquei um novo livro, que tem por título *Lacan com Winnicott: espelhamento e subjetivação,*[8] no qual continuei tentando consolidar minha perspectiva sobre a contemporaneidade da psicanálise remontando aos três autores. Três anos depois, em 2014, apareceu *O declínio da interpretação: experiência e intervenção em psicanálise.*[9] Nesse livro retornei a Ferenczi, cuja obra demarca a origem do que em psicanálise consideramos atual.

Que o trinômio Ferenczi, Winnicott, Lacan fosse capaz de produzir um notável efeito de reluzência parecia-me ser bastante evidente; recordava-me o impacto que têm sobre o espectador os trípticos de Francis Bacon, cuidadosamente dispostos no Tate Modern ou na Central Gallery, de Londres. Tendo a obra de Freud como pano de fundo, essas "três graças", para não deixar de lembrar Rodin, anunciavam o futuro da psicanálise ou o que hoje dá forma à provisória síntese da sua contemporaneidade.

---

7 Graña, R. (2007). *Origens de Winnicott: ascendentes psicanalíticos e filosóficos de um pensamento original.* Casa do Psicólogo.

8 Graña, R. (2011). *Lacan com Winnicott: espelhamento e subjetivação.* Casa do Psicólogo.

9 Graña, R. (2014). *O declínio da interpretação: experiência e intervenção em psicanálise.* Juruá.

Para instanciar a psicanálise contemporânea

Desde Ferenczi, um certo mal-estar com as condições "objetivas" do *setting* psicanalítico se fazia sentir. De fato, o próprio Freud, em diferentes momentos, serviu-se de ambientes diversos para realizar certas análises *on demand* em circunstâncias inusuais. A primeira delas está registrada em livro, a instigante história clínica de Catarina, uma jovem adolescente que sofria de sintomas histéricos diversos como tremores, desmaios e alucinações. Freud analisou-a nos encontros que ocorriam durante as refeições diárias servidas em uma estalagem na qual passava as férias, em conversas aparentemente informais.[10] É conhecida também a análise do compositor Gustav Mahler, que teria transcorrido durante um dia de longas caminhadas pelas ruas de Leiden; Mahler encontrava-se profundamente deprimido em razão das múltiplas traições de sua mulher e possível término do casamento e recorreu a Freud em busca de alívio para o seu sofrimento. Sabe-se ainda que o escritor Rainer Maria Rilke foi o personagem (analisando ou amigo?) que inspirou Freud para escrever *A transitoriedade*,[11] que assume a forma de um argumento analiticamente fundamentado sobre a inevitável, mas necessária, fugacidade da vida e de tudo que vive, com o que o poeta se mostrava inconformado, em uma caminhada pelas ruas de Viena. Que Ferenczi se aventurasse em inovações da técnica e do *setting* não deveria surpreender a Freud, que o analisou durante alguns poucos meses alternados, em situações diversas, como viagens, restaurantes, caminhadas e, quando possível, também em seu consultório. Nada há de original ou transgressivo, portanto, nas experiências (nem

---

10 Freud, S. (1895). Estudios sobre la histeria. In *Obras Completas*. Vol. I. Biblioteca Nueva.

11 Freud, S. (1916) Lo perecedero. In *Obras Completas*. Vol. II. Biblioteca Nueva.

sempre bem-sucedidas) de Ferenczi, visando proporcionar aos seus pacientes os máximos benefícios da terapêutica que aplicava.

Com Winnicott e Lacan o *setting* assumiu múltiplas formas e, mais uma vez, porque ambos se aperceberam de que na análise o tempo implicado era outro, distinto do tempo cronológico estipulado em 60, 50 ou 45 minutos. Um *tempo lógico*, diria Lacan. Tempo para a *experiência completa*, diria Winnicott. Husserl já havia escrito sobre o tempo imanente, o tempo vivencial, que pode ser dito lógico se entendemos que esse é o tempo necessário para que o sentido (*logos*) do que está sendo experienciado se revele, se ponha. O encontrar-se na verdade, mais do que compreendê-la, passou a ser decisivo: partejar o acontecimento, ensejar a clareira do ser, a emergência do sentido, tornou-se mais importante que a atenção constante ao relógio. Lacan tendia a encurtar o tempo; Winnicott tendia a estendê-lo. De maneira geral, e em contraste com os que afirmam que o *setting* existe para ser transgredido, diremos que o *setting* existe para ser ajustado às necessidades, circunstâncias e singularidades do processo clínico de cada analisando. Se a nova análise implica a elasticidade da técnica, conforme nos propõe Ferenczi,[12] deverá haver também maior elasticidade do *setting*.

O favorecimento ou facilitação da experiência conta com a ausência de injunções (preliminares e posteriores). A própria regra fundamental de Freud ("recline-se e associe livremente, diga tudo o que lhe vier à mente, sem seleção ou censura") foi tornada obsoleta por Lacan, que viu nela um primeiro convite à mentira. Se considerarmos que o sujeito humano minimamente sadio tende a desobedecer, a não permanecer no lugar em que o colocam ou a não obedecer cegamente às ordens que recebe, podemos entender que as injunções ou imposições, desde o início, possuem uma potencialidade

12 Ferenczi, S. (1993). Elasticidade da técnica psicanalítica. In *Obras completas*. Vol. IV. Martins Fontes. (Trabalho original publicado em 1928).

alienante. Ferenczi apercebeu-se disso em suas experiências com a técnica ativa, na qual ordenava aos analisandos a supressão de certos comportamentos que considerava inconvenientes ou contrários ao curso proveitoso do tratamento, fora e dentro das sessões. Ao dar-se conta de que os pacientes podiam aparentemente submeter-se a tais ordens, mas tornavam-se mais sintomáticos e passavam a omitir ou mentir a partir de então, tornando a análise não somente uma relação falsa, mas também "retraumatizante", ele a substituiu pelo que chamou de *laissez-faire*, concedendo plena liberdade a seus analisandos para a expressão autêntica de seus afetos, mesmo aqueles mais agressivos e relacionados à pessoa do analista. Isso antecedeu, imediatamente, a utilização clínica de recursos técnicos oriundos da análise de crianças,[13] que passaram a ser aplicados na análise de adultos, especialmente de pacientes gravemente traumatizados, ou de pacientes com *falhas de ego* (referidos por Freud como incapazes de se beneficiarem do tratamento psicanalítico *standard*)[14] que se encontravam em estados regredidos e utilizavam formas mais infantis e elementares de comunicação com o analista. Nessas situações, é certo, as interpretações clássicas, complexas, profundas e formuladas verbalmente não tinham lugar.

A atitude mais discreta, reservada e não obstrutiva compreendia também o "minimalismo da interpretação". A ênfase agora estava posta sobre o manejo da transferência, que adquiria maior importância que a atividade interpretativa. Conforme a referida recomendação de Nasio: ter o silêncio como regra, manter uma escuta atenta e ativa, utilizar-se de indicações e perguntas clarificadoras e, mais raramente, recorrer a interpretações. A nova atitude tinha como pressuposto o respeito e o cuidado para com o narcisismo dos pacientes – com

13 Ferenczi, S.(1993). Análise de crianças com adultos. In *Obras Completas*. Vol. IV. Martins Fontes. (Trabalho original publicado em 1931).

14 Freud, S. (1937). Análisis terminable e interminable. In *Obras Completas*. Vol. III. Biblioteca Nueva.

o "narcisismo humano" –, esse cristal que precisa ser tocado com mãos de algodão. Esse cuidado requer também que nos ajustemos à linguagem do analisando; isso implica a não oferta de significantes que lhe sejam estranhos; cabe endossar os vocábulos e os sentidos que são a eles atribuídos pelo sujeito. Como todo significante tende à diferença, indaguemos acerca do sentido das palavras empregadas pelo analisando, sem partir do princípio de que o seu significado é comum a paciente e analista. Em tese, todo analisando é sempre um "outro", todo significante é diferencial, todo sentido agencia a singularidade.

O que se diz, o que se faz, o que se é

O ato psicanalítico, a atividade do analista em sentido lato, implica-o inteiramente em seu ser. O ser do homem não pode ser suprimido numa análise. Equivocava-se Lacan quando recomendava aos analistas que comessem o seu *Dasein.*[15] (Pretendera, talvez, referir-se ao Moi [ego], já que a noção de *self* é frequentemente de difícil compreensão para os franceses). Lacan parece, inclusive, encontrar-se na iminência de afirmar o contrário quando, seis anos mais tarde, em seu *Seminário, livro 19: ...* ou pior, indaga: "Será que é o saber que cura, seja ele o do sujeito ou o suposto na transferência, ou será que é a transferência, como se produz numa dada análise?"; ele está aí contrastando a atividade interpretativa com o manejo da transferência e implicitamente colocando-se a favor da segunda. Economia de interpretações explicativas, acompanhamento silencioso, mas ativo, do caminhar do analisando em direção aos territórios álgicos,

15 Lacan, J. (2012). *O Seminário-livro 19: Ou pior...*. Zahar. p. 188 (Trabalho original publicado em 1971-1972).

obscuros, conflitivos. Enfeixa-se assim o que podemos hoje entender como *direction de la cure.*

A atenção primordial ao narcisismo e a cada detalhe da provisão ambiental oferecida, em que *holding*, *handling* e *object presenting*, como sabemos desde Winnicott, são as funções que asseguram a adaptação viva (*alive*) às necessidades do analisando, sobretudo em estados regredidos, está muito longe de preocupar-se com as séries de inúmeros complexos a serem, cada um a seu tempo, particularmente analisados. Desde Ferenczi, o abandono da análise dos complexos, da sondagem de pontos de fixação e do que denominou de "fanatismo da interpretação" incrementava a crítica à análise metapsicológica orientada principalmente para a problemática edípica e para o conflito intrapsíquico. O intrapsíquico é aquilo que se espetaculiza, que se dá a conhecer, no campo intersubjetivo e transferencial. Nada do que no íntimo estiver deixará também de estar no êxtimo que na transferência se fenomenaliza. O inconsciente não está guardado, oculto, soterrado, escondido, ele apenas "acontece", e acontece aqui, agora, e em relação. A análise é uma experiência do presente, sustentará Lacan. Examinando o presente estaremos mexendo com a estrutura e a história do sujeito; com todos os tempos, todos os "outros", todos os lugares. O que ali se desvela reconfigura cenários, narrativas e sentidos.

Por certo, essa forma de abordagem do inconsciente implicará também *outra* concepção de inconsciente. Esse inconsciente que "surpreendentemente acontece", porque não havia acontecido, é da ordem do não realizado, é produção,[16] não é, certamente, um inconsciente composto de "representações recalcadas". Isso significa

16 Lacan, J. (1990). O inconsciente freudiano e o nosso. In *O seminário livro 11: Os quatro conceitos fundamentais da psicanálise.* Jorge Zahar. p. 28. (Trabalho original publicado em 1964).

um abandono de explicações deterministas, energeticistas, mecanicistas e representacionistas, e, assim, conduz a um crepúsculo da segunda tópica e da última metapsicologia de Freud, ensombrecida pelo *Deus ex machina* da *Todestrieb* – como diz Lacan, "a mais profunda tentativa já surgida de formular uma experiência do homem no registro da biologia".[17] O essencialismo de Hobbes parece ressurgir no seio de mais uma construção mítica, e isso quando a fenomenologia, contemporânea de Freud começava a acenar com um horizonte promissor em que "a essência do *dasein* é a sua existência".[18] A psicanálise contemporânea mostra-se cada vez mais existencial, abandonando o essencialismo, o determinismo e o representacionismo. E, junto a isso, a antiga noção de causalidade das ciências naturais que alimentara a "compreensão" freudiana.

A propósito da cura psicanalítica

A noção de cura, em psicanálise, em consequência das transformações até aqui referidas – algumas já antevistas por Freud no último grande ensaio crítico que ele nos legou, *Análise terminável e interminável*, notável vislumbre de um novo tempo na disciplina que havia criado –, insere-se também em uma perspectiva que não está mais pautada pelo levantamento da repressão, pela supressão das amnésias, pelo tornar consciente o inconsciente, pelo advento do *ego* onde era o *id*, ou pela construção final em que a explicação da história e da psicopatologia do paciente viria a compor um painel no qual as obscuras articulações entre eventos traumáticos, pontos de fixações e surgimento dos sintomas – essa enigmática do sofrimento – poderiam por fim se esclarecer como reconstruções compreensíveis.

---

17 Lacan, J. (1995). A agressividade em psicanálise. In *Escritos*. p. 104. Jorge Zahar. (Trabalho original publicado em 1948).

18 Heidegger, M. (1971). *El Ser y el Tiempo*. Fondo de Cultura Económica. (Trabalho original publicado em 1927).

As novas formulações sobre o término da análise que nos são propostas por Ferenczi, Winnicott e Lacan, como a "exaustão da transferência", a "destruição do objeto" ou a "queda do objeto *a*", tomando em consideração, antes de tudo, a dimensão relacional, intersubjetiva ou vincular, merecem ser consideradas quando chegamos ao término deste escrito que assume a forma de uma resenha dos avatares do pensar/praticar a psicanálise num tempo que é Outro, num mundo que é Outro, e onde é um Outro homem que nos fala.

Uma análise não se conclui, embora deva um dia terminar. Não necessariamente num clima amistoso e harmônico, com uma relação cordial e "real" entre analista e analisando, como desejaria Freud, nem com o predomínio do "sentimento de gratidão" que, segundo Klein, decorreria da integração dos maus e bons objetos na mente da criança e com a emergência da posição depressiva. O final de análise, verdadeiramente, tende a ser um período mais ou menos turbulento, pois este é o momento em que se bate no real (na acepção lacaniana da palavra).

Conforme nos mostrou Lacan, o des-ser do analista, sua passagem da condição ideal em que o paciente inicialmente o instala (o sujeito suposto saber) à de um restolho (o objeto pequeno *a*), não se processa de forma simples ou efusiva. O transitar de um Outro ao outro, ou da onisciência ao dejeto, produz uma progressiva descoberta da humanidade e impotência do analista e a consciência da assunção, pelo analisando, da inteira responsabilidade por sua vida e suas escolhas, doravante. Faz parte, ainda, da arte e ética do analista suportar e permitir que esse trabalho de depauperação da sua imagem chegue ao fim. Sustentá-lo e sobreviver-lhe.

Com o esgotamento da transferência Ferenczi designava esse mesmo processo de extrojeção do analista, até então ornamentado com um saber/poder que é apanágio dos deuses; a descoberta de que, a partir de então, aquele que ocupava a poltrona atrás do divã, ou à sua frente, é um homem com as possiblidades e impossibilidades que são as suas próprias, a debater-se com as angústias cotidianas e existenciais que afetam todos os mortais, é quase uma ofensa e pode despertar em certos pacientes a forte suspeita de haver sido fraudados. Ferenczi, em sua maturidade, permitia que o paciente tivesse acesso à realidade da sua pessoa durante a maior parte da análise, o que tinha o efeito de evitar a inflação da figura do analista e atenuar o impacto do término.

Winnicott, na mesma linha dos autores anteriores, pensava que o paciente deveria chegar a exercitar maximamente sua agressão na relação transferencial, e que o analista deveria sobreviver a essa tensão, às vezes duramente suportável. Winnicott nunca separou a agressão da vitalidade, em suas origens, e acreditava que, quando havia uma falsificação ou mortificação do *self* do analisando, isso somente se resolveria pela experiência individual de experienciar o máximo de agressividade na situação psicanalítica, que implicava a destruição do analista na fantasia e sua sobrevivência à destruição na realidade. Apenas depois disso o indivíduo se reencontraria com o essencial de si e poderia desfrutar mais plenamente do potencial vital e criativo do *self* que na análise ressurgira. Nossa afinidade com essa posição é mais que suposta.

Referências bibliográficas

Ferenczi, S. (1993a). O sonho do bebê sábio. In *Obras completas*. Vol. III. Martins Fontes. (Trabalho original publicado em 1923).

Ferenczi, S. (1993b). Perspectivas da psicanálise: sobre a interdependência da teoria e da prática. In *Obras Completas*. Vol. III. Martins Fontes. (Trabalho original publicado em 1924).

Ferenczi, S. (1993c). Elasticidade da técnica psicanalítica. In *Obras completas*. Vol. IV. Martins Fontes. (Trabalho original publicado em 1928).

Ferenczi, S. (1993d). Análise de crianças com adultos. In *Obras Completas*. Vol. IV. Martins Fontes. (Trabalho original publicado em 1931).

Freud, S. (1895). Estúdios sobre la histeria. In *Obras Completas*. Vol. I. Biblioteca Nueva.

Freud, S. (1915). Lo inconsciente. In *Obras Completas*. Vol. II. Biblioteca Nueva.

Freud, S. (1916). Lo perecedero. In *Obras Completas*. Vol. II. Biblioteca Nueva.

Freud, S. (1937). Análisis terminable e interminable. In *Obras Completas*. Vol. III. Biblioteca Nueva.

Graña, R. (2007). *Origens de Winnicott: ascendentes psicanalíticos e filosóficos de um pensamento original*. Casa do Psicólogo.

Graña, R. (2010). Lacan avec Winnicott : sur le miroir, la spécularité et la subjectivation. In C. Vanier & A. Vanier (Eds.), *Winnicott avec Lacan*. Hermann Édicteurs. (Trabalho original apresentado em 2008).

Graña, R. (2011). *Lacan com Winnicott: espelhamento e subjetivação*. Casa do Psicólogo.

Graña, R. (2014). *O declínio da interpretação: experiência e intervenção em psicanálise*. Juruá.

Heidegger, M. (1971). *El Ser y el Tiempo*. Fondo de Cultura Económica. (Trabalho original publicado em 1927).

Lacan, J. (1995). A agressividade em psicanálise. In *Escritos* (p. 104). Jorge Zahar. (Trabalho original publicado em 1948).

Lacan, J. (1990). O inconsciente freudiano e o nosso. *O seminário livro 11: Os quatro conceitos fundamentais da psicanálise* (p. 28). Jorge Zahar. (Trabalho original publicado em 1964).

Lacan, J. (2012). *O Seminário-livro 19: Ou pior...* (p. 188). Jorge Zahar (Trabalho original publicado em 1971-1972).

8. Édipo intimidado: de profano a profanado

Ignácio A. Paim Filho
Magali Fischer
Maria Cristina Garcia Vasconcellos
Regina Pereira Klarmann

> *Seu destino comove-nos apenas porque poderia ser o nosso – porque o oráculo lançou sobre nós, antes mesmo de nascermos, a mesma maldição que caiu sobre ele. É o destino de todos nós, talvez, dirigir nosso primeiro impulso amoroso para nossa mãe, e nosso primeiro ódio e primeiro desejo assassino para nosso pai.*
>
> (Freud, 1900/1969, p. 258)

Viena, 15 de outubro de 1897: Freud, em meio às turbulências de sua autoanálise – as resistências afloram e são defloradas –, escreve a Fliess, pela primeira vez, sobre a ideia da universalidade da tragédia edípica de Sófocles: "Mas a lenda grega capta uma compulsão que todos reconhecem, pois cada um pressente sua existência em si mesmo. Cada pessoa da plateia foi, um dia, um Édipo em potencial na fantasia" (Freud, 1986, p. 273).

Ao mesmo tempo que lança os fundamentos para fazer do *Édipo* de Sófocles, transportado para a psicanálise, o elemento central de sua concepção da sexualidade infantil, ele o vincula com o drama de *Hamlet* de Shakespeare. Em 1900 – no livro inaugural da psicanálise como ciência do inconsciente, movida pela força do desejo, incestuoso e parricida – anuncia: "No *Oedipus*, a fantasia infantil imaginária que subjaz ao texto é abertamente exposta e realizada, como o seria num sonho. Em *Hamlet*, ela permanece recalcada" (Freud, 1900/1969, p. 259). Portanto, Édipo vive em ato o que Hamlet vive na fantasia. Eis aí o Édipo de Freud e de todos nós.

No processo de constituir-se como paradigma dessa jovem ciência, em 1910, adquire o *status* de complexo de Édipo. Nesse momento, a proposição freudiana da sexualidade infantil ganha maior sustentabilidade, pela segunda edição dos *Três ensaios sobre a teoria da sexualidade* (dezembro de 1909), pelo estudo do caso do pequeno Hans (1909) – a sexualidade infantil em cena – e pelo caso do Homem dos Ratos – o infantilismo da sexualidade.

A jornada do Édipo de Freud avança a passos largos. Quando vai ocupar-se do caso do Homem dos Lobos (1910-1914) – esse que carrega em si as ressonâncias de um pequeno texto, editado em 1908/1989, "Fantasias histéricas e sua relação com a bissexualidade" –, Freud expandiu a noção e do complexo de Édipo, proclamando pela primeira vez a existência do Édipo direto e invertido, o que pressupõe o complexo de castração.

Nesse contexto, temos o Édipo de Freud – com seu correligionário, o complexo de castração – profanando o saber vigente no seu tempo, a era vitoriana em meio a seus embates. Não basta a sexualidade infantil, com sua disposição perversa polimorfa, constituir-nos como sujeito: há mais. A bissexualidade psíquica associada à vivência edípica aproxima homens e mulheres: somos ativos/passivos, castrados/fálicos e femininos/masculinos. A complexidade está posta dentro do escopo de uma sexualidade ampliada, que rompe com a estreita vinculação com o genital. Ela existe desde as origens e se desenvolve no decorrer da história do sujeito – a psicossexualidade –, concebendo a existência de um corpo erógeno como um todo, que possibilita múltiplas formas de satisfação.

Pensamos que a força vital que esse complexo vai adquirindo no decorrer do pensar freudiano fará com que, numa nota de rodapé à quarta edição dos *Três ensaios* (maio de 1920), ele seja qualificado como o terceiro *shibboleth* da psicanálise – paradigma da sexualidade infantil, elemento determinante da estruturação do aparato anímico.

Com isso em mente, lancemos um olhar para o nosso tempo, um tempo de múltiplas sexualidades, que proclamam a hegemonia de uma pluralidade originária, não decorrente dos desdobramentos da história do sujeito com seus objetos primordiais; um destino estabelecido pelo acaso, descartando-se o lugar das figuras parentais e negando-se a castração. Uma história sem história? Estranha indagação. Se assim o for, estaríamos vivendo um tempo sem tempo, em que o velho Édipo de Freud de profano passou a profanado?

Em face dessa possível profanação, parece-nos que estamos diante de um Édipo intimidado. E nós, psicanalistas, estamos também intimidados? Por vezes, pensamos que sim. Afinal, vivemos tempos que desafiam o caráter vitalizante da subjetividade, com sua singularidade construída no interjogo do sujeito com um outro, semelhante mas não igual, em prol da unicidade. Esse contexto convoca o psicanalista, como um indivíduo do seu tempo, a ficar enredado nessa trama alienante. Ser o porta-voz do estrangeiro que nos habita, como também do mais além do princípio do prazer, é estar constantemente ameaçado de reviver a diáspora freudiana – o exílio das demandas da cultura.

Como seguir sustentando as vicissitudes do complexo de Édipo e de castração como elementos estruturantes da sexualidade infantil e do anímico? Estaria o processo identificatório em declínio? Como relacionar metapsicologicamente a bissexualidade com as vicissitudes dessa tragédia do destino na contemporaneidade?

Compreendemos que esses questionamentos são uma convocação e uma provocação para tecer especulações sobre o romance familiar das novas configurações. Para isso, iniciamos com uma breve revisão do Édipo de Freud.

Revisitando o Édipo de Freud: a perenidade de um profano

> *Mas o reprimido é território estrangeiro para o ego – território estrangeiro interno – assim como a realidade é território estrangeiro externo.*
>
> (Freud, 1933, p. 75)

Para compreender a amplitude do complexo de Édipo, estruturando a psique e a ordem social, é necessário fazer a interação de dois textos: *Totem e tabu* (Freud, 1913/1989) e "À guisa de introdução ao narcisismo" (Freud, 1914/2004). Esses dois escritos, em conjunto, fornecem os elementos indispensáveis para sustentar o lugar paradigmático de tal complexo na doutrina freudiana. Nesse sentido, no trabalho de 1913/1989 encontramos a fundamentação sobre os destinos do desejo edípico, incesto e parricídio, enquanto no de 1914 deparamo-nos com as origens desse desejo (Paim Filho, 2014a): "O oráculo lançou sobre nós, antes mesmo de nascermos, a mesma maldição que cai sobre ele" (Freud, 1900/1969, p. 258).

Tomando essa proposição como norteadora do nosso pensar, compreendemos que com o trabalho do narcisismo temos subsídios para estabelecer sua relação com as identificações primárias – o ser identificado. Essas identificações, segundo Freud, são anteriores a qualquer investimento objetal e cumprem um papel relevante na "história primitiva do complexo de Édipo" (Freud, 1921/1989, p. 133).

Nesse caminho, transitamos pelo escopo do desejo parental, com sua pulsão de apoderamento, o filho ocupando o lugar do duplo, estando sob o jugo de ser uma escolha de objeto narcísico – "a pessoa que outrora fez parte de nosso próprio si mesmo" (Freud, 1914/2004, p. 109). Ápice da bissexualidade narcísica: ser dois em um.

Portanto, estamos diante do narcisismo primário, e sua existência decorre do investimento parental, que reivindica para o bebê a possibilidade de satisfação irrestrita de seus desejos (aqueles a que um dia tiveram que renunciar) e o transforma em Sua Majestade o Bebê. Nesse período, segundo Freud, ocorrem como objeto sexuais para o indivíduo apenas "ele mesmo e a mulher que dele cuida" (1914/2004, p. 108). Essa vivência remete à força do desejo incestuoso, que é anterior ao desejo parricida. Sabemos que o encontro de um bebê com a mãe sinaliza, significa e participa da inscrição e dos desdobramentos do incestuoso, que vai habitar a alma humana – o profano, a sedução originária. Atribuímos a essa sedução uma intensidade sinistra, que julgamos estar implicada na necessidade de o casal parental desmentir (*Verleugnung*) a sexualidade infantil, desmentido esse que entendemos como estruturante quando favorece o investimento libidinal do bebê por parte dos pais. Essas vicissitudes do período inicial da vida de cada um de nós estão intimamente imbricadas com o psiquismo daqueles que vão nos auxiliar no percurso que resultará na constituição da nossa subjetividade e, consequentemente, na possibilidade de construirmos um espaço anímico em que ocorra a inscrição da alteridade.

O desenvolvimento do narcisismo primário, caracterizado pelo eu ideal, dá-se em direção à constituição do ideal do eu que ainda almeja a completude da etapa anterior, mas já é capaz de investir o objeto, reconhecer a alteridade e, portanto, a própria incompletude. Esse desenvolvimento está atravessado pelos processos identificatórios, que têm participação direta e fundamental na possibilidade de elaboração favorável do complexo de Édipo.

Segundo Freud (1921/1989), a identificação é "a mais remota expressão de um laço emocional com outra pessoa" (p. 133), que vai permanecer inscrita no sujeito ao longo de toda a sua vida. Inicialmente essas identificações são imediatas, não resultam de um investimento objetal e não podem ser diferenciadas dele. Posteriormente entram em jogo as escolhas objetais, que retomam a ligação com essas identificações primárias, o que tem impacto no desenvolvimento da conflitiva edípica. Em *O eu e o id*, Freud (1923/2007) reforça a ideia das identificações salientando a importância de considerar a estruturação triangular do Édipo, bem como a bissexualidade constitucional do indivíduo.

Vale observar que compreendemos esse constitucional da bissexualidade pelo vértice de que é produto do investimento parental. Do encontro de dois forma-se um terceiro, que vai se inserindo no andamento da vida anímica do sujeito nos seguintes moldes: passividade *versus* atividade, masculino fálico *versus* masculino castrado e, por último, no declínio do complexo de Édipo, se estabelecem a masculinidade e a feminilidade para além das diferenças anatômicas. Esse constituir-se – o eterno vir a ser de todos nós – é produto, como já dissemos, da composição multifacetada das identificações, as quais são colonizadoras do território estrangeiro interno.

Diante dessa constatação, ratificamos que a bissexualidade é constitutiva do complexo de Édipo considerado de forma ampla, ou seja, invertido e direto, em que a ambivalência está presente em relação tanto ao pai quanto à mãe. O resultado disso é que, quando o complexo de Édipo é uma etapa superada, encontramos identificações tanto maternas quanto paternas correspondentes ao Édipo positivo e negativo. Isso constituirá o que Freud menciona como um precipitado no eu que toma a forma do ideal do eu no supraeu. Esse último carrega em si aspectos do supraeu dos pais, através dessas identificações, e torna-se mais severo quanto mais tiver se constituído como consequência do excesso do recalque.

Entendendo-se esse processo que desemboca na construção do edifício psíquico, todo o investimento narcísico realizado no bebê, por parte dos pais, é fundamental. Para isso é necessário que o casal parental possa realizar esse investimento reconhecendo a alteridade do bebê, sendo ele ao mesmo tempo o depositário do narcisismo dos pais. Isso irá interferir no jogo identificatório inicial e no seu consequente desenvolvimento, que resultará na resolução da conflitiva edípica. Podemos pensar que uma tendência cultural à busca da completude narcísica, se não adequadamente filtrada pelo psiquismo dos pais, poderá estabelecer lacunas importantes no eu do bebê em formação, traumáticas, uma vez que estamos diante de momentos muito iniciais, fundantes da constituição do sujeito, o que determina o seu aprisionamento em identificações alienantes: seguir sendo o duplo das figuras parentais.

Nesse sentido, poderíamos dizer que o desejo incestuoso é ofertado e o desejo parricida é uma aquisição – aquisição relacionada com a inclusão do terceiro, como um diferente que rompe a fantasia de completude ensejada pela relação dual, caminho da bissexualidade narcísica para a bissexualidade edípica. Aqui nos deparamos com o grande organizador da vida psíquica: o complexo de castração (Paim Filho & Garcia, 2017). Seu escopo é ser o revelador da não completude, o perene mensageiro da finitude, ou ainda da transitoriedade, o que transcende a diferença anatômica entre os sexos.

As novas configurações da sexualidade em tempos de Édipo intimidado

> *A exigência, demonstrada nessas proibições, de que haja um tipo único de vida sexual para todos não leva em consideração as dessemelhanças, inatas ou adquiridas, na constituição sexual dos seres humanos; cerceia um bom número deles, o gozo sexual, tornando-se assim fonte de grave injustiça.*
>
> (Freud, 1930, p.125)

Como pode ser observado, em nossa argumentação partimos da suposição de que vivemos num tempo que, muitas vezes, proclama o predomínio de um determinismo originário (embebido num *sentimento oceânico*) em detrimento da construção da singularidade do ser, como produto de uma história vivida em parceria com as figuras parentais – conjunto de circunstâncias condizente com o predomínio do pensamento religioso, com seu fundamentalismo.

Assim, consideremos algumas manifestações da nossa vida cotidiana – *levando em conta que não há um tipo único de vida sexual para todos* –, em particular uma afirmação que tem surgido com certa frequência nos meios de comunicação: João, aos 3 anos, "escolheu ser uma menina"; Maria, aos 4 anos, "escolheu ser um menino". Essa afirmação acionou em nós um profundo sentimento de estranhamento, concomitante com o desejo de refletir sobre a inquietante expressão *escolheu ser*... Escolheu? De que escolha estamos falando? O eu dessas novas configurações segue atravessado pela máxima freudiana de que o eu não é senhor em sua própria casa? Partimos do pressuposto de que sim.

Objetivando dar mais plasticidade às nossas proposições, nos ocuparemos de uma reportagem exibida na programa *Fantástico*, em 2015, sobre Portland, nos Estados Unidos. Essa cidade tem o seguinte *slogan*: "Mantenha Portland estranha". Nessa terra do estranho, surgiu a proposta de criar as crianças com gênero neutro. Elas poderão escolher o seu próprio sexo, não importando o corpo anatômico. Na reportagem mostra-se uma família que optou por viver essa experiência. A família é formada por um casal heterossexual, desde o fenômeno externo, e dois filhos. Segundo a mãe, a filha (agora com 4 anos) optou aos 2 anos por ser menina. Já o menino (de 8 anos), quando questionado, responde à repórter: "Sou principalmente um menino, mas também sou uma menina". Conta que descobriu sozinho o que o corpo lhe dizia. Pede para usar roupas de menina, mesmo dizendo que não é menina. A mãe pensa que assim deixa em aberto todas as possibilidades, acreditando que poderão ser o que quiserem. Para a mãe, o menino já se definiu: é gênero neutro. A menina, por sua vez, aos 2 anos de idade já "escolheu" ser menina, dando a impressão de que a mãe demonstra uma preferência pelo feminino. Então nos perguntamos: a mãe de Portland não estaria projetando o seu conflito de identidade no filho? O pai, apesar de concordar com essa educação, preocupa-se, pois teme que o menino venha a sofrer violência.

No decorrer da entrevista, o menino mostra que carrega um mordedor, como aqueles utilizados por bebês quando estão nascendo os dentes. Ele explica que quando está muito ansioso usa o mordedor. Ansioso com o quê? O que seu corpo diz? Como se deu essa tradução?

Mais algumas questões: a decisão de não interferir é uma opção? Acreditamos que não, que demonstra antes um investimento parental – nesse caso, na plenitude da bissexualidade narcísica, que se desenha de maneira emblemática na proposição do gênero neutro; assim a mãe o definiu, perpetuando *o desmentido da sexualidade infantil*. Entretanto, o garoto ainda diz: "Sou principalmente um menino, mas também sou uma menina". Que liberdade é essa?

Em nome de uma suposta liberdade ("ser o que quiserem"), os pais não ajudam a criar as condições necessárias para que se estabeleça uma contenção interna – limites para que o desejo circule de forma menos assustadora e, paradoxalmente, mais livre; possibilidade de descobrir o quanto há de libertador conhecer o limite que a castração instaura. Nesse sentido, entendemos que a liberdade de escolha defendida pela mãe da criança pode ser lida como abandono. O acontecer desse processo causa o surgimento do sentimento de angústia, um pulsional que transborda e aciona a necessidade de descarga em ato: um "morde-dor" que aplaque as intensidades incestuosas. Revela um desamparo, uma não tradução das demandas pulsionais, dificultando a criação de um corpo representacional, o que nos faz pensar num aprisionamento às identificações primárias: sou o que o outro quer que eu seja. Talvez o corpo diga algo que remete a ser o falo materno. Perpetuação da mãe fálica? Se assim o for, fica impedido de ascender à conflitiva edípica. Esse não acesso estará implicado na hegemonia do eu ideal: seguir sendo Sua Majestade, o Bebê. Seria essa a fonte do gênero neutro?

Refletindo sobre esse interrogante, recordamos que Green (2012), falando da bissexualidade e de seus destinos, faz a seguinte analogia: Édipo positivo "dominante" e Édipo negativo "recessivo". Compreendemos essa analogia sob o prisma de que a resultante da constituição da sexualidade, centrada no complexo de Édipo, dá-se pelas múltiplas formas de combinação desses fatores, em que o diferencial entre o "dominante" e o "recessivo" vai estabelecer o tipo de escolha de objeto: homossexual ou heterossexual. Especulamos que, no chamado gênero neutro, haveria não um diferencial, mas a proposição de uma equivalência entre o Édipo positivo e o Édipo negativo: ambos dominantes, feminino e masculino, numa completude – cenário condizente com a morte do desejo, o demoníaco, o "eterno retorno do mesmo" (Freud, 1920/2006, p. 147).

Diante dessa compreensão, nos posicionamos: somos antes de tudo a resultante da força do estrangeiro que nos habita. Decorre desse pensar que toda escolha do processo secundário é uma apresentação, com suas transformações, da força do desejo do inconsciente. Portanto, não escolhemos, somos escolhidos pelos destinos fundantes do nosso ser – ser que se constitui nos desdobramentos da sexualidade infantil. Seguindo nessa direção, podemos afirmar, por exemplo, que ser homossexual, heterossexual, ou ainda do chamado gênero neutro não é escolha, mas sim destino. Eis aí encenado, no dizer de Freud, a terceira ferida narcísica da humanidade: a castração fazendo história e nos reconvocando a ressignificá-la. Tudo isso objetivando não desconsiderar *as dessemelhanças, inatas ou adquiridas, na constituição sexual dos seres humanos.*

Considerações finais: delineando as vicissitudes do Édipo

> *De vez que, excetuando-se casos muitíssimo raros, apenas uma espécie de produto sexual – óvulo ou sêmen – está presente numa pessoa. Os senhores, contudo, não poderão senão ter dúvidas quanto à importância decisiva desses elementos e devem concluir que aquilo que constitui a masculinidade ou a feminilidade é uma característica desconhecida, que foge do alcance da anatomia.*
>
> (Freud, 1933, p. 141)

O que mudou? Édipo está profanado? Nós, psicanalistas, seguimos pensando da mesma forma que Freud? Ou estamos diante de mudanças culturais, sociais, e isso impõe uma mudança teórica? A teoria está posta. É possível ampliar nossa compreensão, para dar conta das manifestações culturais e sociais, sem abrir mão da constituição psíquica dos seres humanos, conforme a teoria freudiana, fundamentada na sexualidade infantil, decorrente do encontro e do desencontro do corpo biológico e do corpo pulsional. Não só ampliar, mas trabalhar a teoria, afinal, "no princípio, as ideias devem conter certo grau de indefinição, e ainda não é possível pensar numa delimitação clara de seu conteúdo" (Freud, 1915/2004, p. 145).

Desse modo, nos cabe ressignificar e reafirmar que nossas escolhas não são livres e arbitrárias. Partindo da bissexualidade enquanto conceito polissêmico, o destino das moções pulsionais é delineado inconscientemente em comunhão com as figuras parentais. São as identificações de um lado ou do outro que, em seu descompasso, resultarão na disposição sexual. Portanto, não há degeneração nem inatismo nas diversas configurações da sexualidade, o que já era dito por Freud no início do século XX em relação à homossexualidade. De certa forma, o que existe é uma condenação – produto da dita moral sexual civilizada – característica do pensamento vigente em cada cultura. Por conseguinte, não existe um único modelo de vida sexual. A patologia ou a "mal-dita" normalidade se constrói na presença/ausência da inscrição simbólica da castração. Além de suas ideias, Freud nos deixa como legado suas dúvidas. Nesse sentido, questiona-se se a negação da satisfação completa é apenas de responsabilidade da pressão da civilização ou também algo da própria natureza humana, que incita outros caminhos. Assim, ratificamos: Édipo, enquanto produto de um processo identificatório, segue sendo profano do estabelecido; *a masculinidade ou a feminilidade é uma característica desconhecida que foge do alcance da anatomia.*

Referências

Freud, S. (1969). A interpretação dos sonhos. In S. Freud, *Edição standard brasileira das obras psicológicas completas de Sigmund Freud* (J. Salomão, trad., Vol. 4). Imago. (Trabalho original publicado em 1900).

Freud, S. (1986). [Carta de] 15 de outubro de 1897. In J. M. Masson (Ed.), *A correspondência completa de Sigmund Freud a Wilhelm Fliess (1887-1904)* (V. Ribeiro, trad., pp. 271-274). Imago.

Freud, S. (1989). Fantasias histéricas e sua relação com a bissexualidade. In S. Freud, *Edição standard brasileira das obras psicológicas completas de Sigmund Freud* (J. Salomão, trad., Vol. 9, pp. 161-170). Imago. (Trabalho original publicado em 1908).

Freud, S. (1989). Totem e tabu. In S. Freud, *Edição standard brasileira das obras psicológicas completas de Sigmund Freud* (J. Salomão, trad., Vol. 13, pp. 13-194). Imago. (Trabalho original publicado em 1913).

Freud, S. (1989). Psicologia de grupo e a análise do ego. In S. Freud, *Edição standard brasileira das obras completas* (J. Salomão, trad., Vol. 18, pp. 89-179). Imago. (Trabalho original publicado em 1921).

Freud, S. (2004). À guisa de introdução ao narcisismo. In S. Freud, *Obras psicológicas de Sigmund Freud: escritos sobre a psicologia do inconsciente* (L. A. Hanns, trad., Vol. 1, pp. 85-125). Imago. (Trabalho original publicado em 1914).

Freud, S. (2004). Pulsões e destinos da pulsão. In S. Freud, *Obras psicológicas de Sigmund Freud: escritos sobre a psicologia do inconsciente* (L. A. Hanns, trad., Vol. 1, pp. 133-173). Imago. (Trabalho original publicado em 1915).

Freud, S. (2006). Além do princípio do prazer. In S. Freud, *Obras psicológicas de Sigmund Freud: escritos sobre a psicologia do inconsciente* (L. A. Hanns, trad., Vol. 2, pp. 122-198). Imago. (Trabalho original publicado em 1920).

Freud, S. (2007). O eu e o id. In S. Freud, *Obras psicológicas de Sigmund Freud: Escritos sobre a psicologia do inconsciente* (L. A. Hanns, trad., Vol. 3, pp. 13-92). Imago. (Trabalho original publicado em 1923).

Green, A. (2012). Bisexualidad y homosexualidad(es). In A. Green, *Las cadenas de Eros: Actualidad de lo sexual* (I. Agoff, trad., pp. 189-198). Amorrortu.

Paim Filho, I. A. (2014a). *Metapsicologia: Um olhar à luz da pulsão de morte*. Movimento.

Paim Filho, I. A. (2014b). Totem e tabu: Um prêmio ao narcisismo. In *Para uma introdução ao narcisismo: Reflexo e reflexões* (pp. 237-252). CEPdePA.

Paim Filho, I. A. & Garcia, R. M. (2017). Do sexual à bissexualidade psíquica. In R. M. Garcia (Org.), *Sobre o infantilismo da sexualidade* (pp. 106-132). Sulina.

9. Por que a psicanálise para estudar o amor?[1]

Ana Suy

O livro do qual falaremos hoje, *Amor, desejo e psicanálise*, é uma obra que eu trato com muito carinho, fruto da minha dissertação de mestrado. É uma alegria depois de alguns anos poder revisitar esse texto e apostar em sua vida. A publicação desse livro foi feita em 2015 e naquele tempo jamais imaginei que, seis anos depois, estaria ainda falando dele e que sete anos depois estaria escrevendo a partir dele, que ele ainda faria sentido para mim e para algumas outras pessoas, que seguiria sendo um tema que me interessa e no qual eu sigo me debruçando. Então, é uma alegria poder falar sobre esse tema com tanta gente interessada em estudá-lo, em trabalhar essa leitura.

Desde que comecei a estudar o tema do amor, com frequência recebo uma pergunta que muito me intriga, que é: por que estudar o

1 Este texto é fruto de uma palestra concedida ao Espaço Criar em 23 de novembro de 2021. A transcrição e revisão foram feitas pela própria autora ao final do ano de 2022, que comentou seu livro *Amor, desejo e psicanálise* (Editora Juruá, 2015). A palestra chamou-se "O que é o amor? O que é o desejo?", mas, uma vez que a fala abre para novidades e só se pode saber mesmo do que se falaria depois de se ter falado, optou-se por dar a esse texto um novo título.

amor? Outra pergunta que recebo é por que estudar o tema do amor *em psicanálise*, uma vez que o amor não é um conceito psicanalítico propriamente dito. Embora ele ganhe um valor muito importante nas obras tanto de Freud quanto de Lacan, ele não é exatamente um conceito. Quando vamos ler os textos de Freud, vemos que ele diz coisas muito diferentes ao usar essa palavra. Às vezes a usa como sinônimo de libido, às vezes como sinônimo de paixão, narcisismo, amor anaclítico, feminino... enfim, há uma série de possibilidades de leituras que a gente faz daquilo que Freud chama de amor, e ele mesmo coloca que isso é um problema da língua (não de uma língua no sentido específico, como se a gente pudesse resolver esse problema mudando a palavra), mas se apresenta como um problema da língua no sentido de que a gente chama muitas coisas que são muito diferentes pela mesma palavra.

Segundo Freud (1921/1996b):

> *Libido é a expressão extraída da teoria das emoções. Damos esse nome à energia, considerada como uma magnitude quantitativa (embora na realidade não seja presentemente mensurável), daqueles instintos que têm a ver com tudo o que pode ser abrangido sob a palavra "amor". O núcleo do que queremos significar por amor consiste naturalmente (e é isso que comumente é chamado de amor e que os poetas cantam) no amor sexual, com a união sexual como objetivo. Mas não isolamos disso – que, em qualquer caso, tem sua parte no nome "amor" –, por um lado, o amor próprio, e, por outro, o amor pelos pais e pelos filhos, a amizade e o amor pela humanidade em geral, bem como a devoção a objetos concretos e as ideias abstratas. (Freud, 1921/1996b)*

> *Usamos essa palavra, amor, para fazer referência ao que sentimos pelo cachorro, pelo filho, pelo parceiro sexual, pelo trabalho, pela vida... no entanto, não são a mesma coisa. São afetos radicalmente diferentes e nós nomeamos todos com a mesma palavra. Todavia, Freud nos diz que esse é um problema que aparece na língua, mas não que se possa resolver diretamente alterando algo da língua, porque ele entende que, na verdade, há uma certa aproximação entre esses afetos todos. Elas são radicalmente diferentes, mas têm uma mesma origem, que os une. (p. 101)*

Também de acordo com Freud (1921/1996b):

> *... a pesquisa psicanalítica nos ensinou que todas essas tendências constituem expressão dos mesmos impulsos instintuais; nas relações entre os sexos, esses impulsos forçam seu caminho no sentido da união sexual, mas, em outras circunstâncias, são desviados desse objetivo ou impedidos de atingi-lo, embora sempre conservem o bastante de sua natureza original para manter reconhecível sua identidade (como em características tais como o anseio de proximidade e o auto-sacrifício). (pp. 101-102)*

Assim, é próprio das relações amorosas que haja como finalidade alguma união, ao mesmo tempo que haja desvios que a impeçam. Freud apontará que quem melhor fala e canta o amor são os poetas, os escritores, os artistas. Então, não é por acaso que a literatura, o cinema, a articulação com as artes tanto interessem aos psicanalistas, especialmente quando se interessam pelo tema do amor, uma vez que é ali onde o amor está mais bem colocado. Mais de uma vez Freud e Lacan fazem referências às artes; Freud afirmou que, onde quer que ele chegasse, um poeta já havia estado antes dele. No texto "A feminilidade" (Freud, 1933/2010), ele faz uma revisitação à teoria que havia formulado sobre a feminilidade, quando já está mais próximo ao fim de seu trabalho e de sua vida e sabe que não avançará muito mais na teoria nem na vida, o que o leva a escrever:

> *Isso é tudo o que eu tinha para lhes dizer sobre a feminilidade. Certamente está incompleto e fragmentário, e nem sempre soa amigável ... Se quiserem saber mais sobre a feminilidade, então perguntem às suas próprias experiências de vida, ou voltem-se aos poetas, ou esperem até que a ciência possa lhes dar informações mais profundas e bem articuladas. (p. 341)*

Gostaria de destacar duas grandes coisas que Freud faz aí pelo tema da feminilidade: uma delas é justamente localizar na psicanálise seu limite, uma vez que afirma que o saber psicanalítico sobre a feminilidade é incompleto. A segunda é a indicação aos poetas como detentores de um saber que se antecipa à psicanálise. Com isso, ele coloca ali um saber no poeta, no escritor, alguma coisa ali que a psicanálise vai tentar formalizar. Talvez possamos dizer que a psicanálise se aproxima de uma tentativa de fazer da poesia uma ciência, de colocar algo em torno de um indizível. Por isso o amor é fonte inesgotável de material para os poetas e também para quem se ocupa da psicanálise, seja enquanto analisante ou enquanto analista. Não paramos de falar de amor, é um tema inesgotável: onde se trabalha com a palavra, há trabalhos em torno do amor. Filmes, romances, poesias, histórias, notícias de amor interessam à humanidade imensamente. Contudo, nunca encontramos uma última palavra sobre o amor. Sempre há mais algo a dizer, alguma coisa que ficou de fora e que se relança como desejo de dizer mais. No Seminário 20 de Lacan (1972-1973/2008) encontramos que "amor demanda o amor. Ele não deixa de demandá-lo. Ele o demanda ... mais... ainda" (p. 12). O que pode a psicanálise diante desse flerte com o infinito que é o amor?

Parece-me que a psicanálise é um campo privilegiado, muito especial, para trabalharmos o tema do amor porque o amor que a psicanálise vai propor como sendo um trabalho vai para além da ideia do senso comum que se tem a respeito do que seria o amor. Quando falamos de amor, em geral, costumamos pensar nele como o encontro amoroso que funcionaria bem como dois que se encontram e são "felizes para sempre", felizes em sua união bem-sucedida – como alguma modalidade de encontro que aplacaria a falta. E, para se referir a essas modalidades amorosas, Freud faz mais de uma vez referências na obra dele ao mito de Aristófanes, do qual comento um pouco nesse livro (ao qual nos referimos hoje), que seria a origem dessa ideia de que o amor aplacaria a falta. Nela, conta-se que antigamente éramos seres duplicados: então, tínhamos duas cabeças, quatro braços, quatro pernas, dois sexos. Havia os seres femininos, que tinham dois sexos femininos, os seres masculinos, que tinham dois sexos masculinos, e os andróginos, que tinham um sexo feminino e um sexo masculino. E, porque éramos seres muito fortes, os deuses temiam perder seu lugar para nós, e, por isso, Zeus teria mandado nos cortar ao meio. E, desde então, conta o mito que cada um de nós é apenas metade de si mesmo em busca da outra metade. Então, a ideia da fantasia amorosa como uma fantasia de completude vem de que poderíamos encontrar uma metade nossa: a cara-metade, a tampa da panela, a metade da laranja, essas significações que a gente tem pela cultura de que existiria "a pessoa certa".

"Será que essa é a pessoa certa?", é a pergunta de um milhão. Todo amante/apaixonado já se questionou em algum momento. Essa pergunta se desdobra em outra: "será que não estou perdendo a pessoa certa enquanto estou com a pessoa errada?" – é uma questão que vai orientar a nossa vida de certo modo, uma vez que as relações amorosas estão postas aí para nós como algo de grande valor.

Falei há pouco que o amor não é um conceito, a princípio, mas ele irá ganhar o estatuto de um conceito, na medida em que Freud irá falar sobre transferência e pensá-la como uma modalidade amorosa. Então, o amor, enquanto conceito psicanalítico, chama-se transferência. Fora disso, estamos pensando em modalidades amorosas sobre as quais a gente vai precisar se perguntar: de que condições amorosas estamos falando? Que amor é esse? O que é isso: amor? Mas o amor que a psicanálise vai destacar aí vai apontar para uma saída possível para os sujeitos, vai ser o amor que é marcado por uma coisa chamada desejo. E aí o desejo, sim, é um conceito psicanalítico, um conceito que nasce, inclusive, com a psicanálise.

Quando Freud publica o texto que vai ser a inauguração da psicanálise propriamente dita, *A interpretação dos sonhos*, em 1900 (porque antes disso chamamos os estudos e intervenções que se faziam de "pré-psicanálise", tempos em que se tinha experiências com a catarse, com a hipnose, com essas modalidades de intervenções que não chegavam no campo da transferência e da associação livre), ele já irá colocar a sua noção de desejo. E este, diferentemente do que usamos no senso comum, para ser equivalida a um querer, o desejo do qual Freud vai se referir é o desejo inconsciente. Mas o que é um desejo inconsciente? Como é que podemos saber do desejo inconsciente se o inconsciente está inconsciente e, para sabermos de alguma coisa, ela precisará estar no campo da consciência? Essa é uma questão lógica. Se eu só sei da consciência, como vou saber do desejo, uma vez que ele é inconsciente, se quando estou consciente eu não estou inconsciente? Essa é uma falsa questão, na verdade, porque ela parte do pressuposto que existiriam dois mundos separadamente: consciente e inconsciente. No entanto, *Lacan, posteriormente, nos esclarece a cilada que seria considerar essa divisão, ao afirmar que "o inconsciente é muito exatamente a hipótese de que não sonhamos apenas quando dormimos"* (Lacan, 1977).

Há quem diga que Freud parou de usar a hipnose porque ele era um mau hipnotizador. Felizmente! O próprio Freud (1910/1996) escreveu: "... quando verifiquei que apesar de todos os esforços não conseguia hipnotizar senão parte de meus doentes, decidi abandoná-lo, tornando o procedimento catártico independente dele" (p. 380). Tendo a desconfiar, no entanto, que, se Freud não foi bem-sucedido na hipnose, foi sobretudo porque ele não confiava nos resultados dela, que ele não acreditava que as mulheres histéricas falavam de seus sofrimentos porque estavam hipnotizadas. Mas essencialmente porque ele já sabia do inconsciente, de que havia um desejo de dizer aquilo que não se sabia, até dizer. Em suas palavras, no mesmo texto, na mesma página, ele afirma: "Tratava-se de fazer o doente contar aquilo que ninguém, nem ele mesmo, sabia".

Quando Freud inventa/descobre o inconsciente freudiano, a pista é de que a transferência pode servir de meio propulsor para o acesso ao inconsciente. O que se escancara com isso é justamente a aposta que Freud faz de que o inconsciente não aparece simplesmente quando estamos fora do estado normal de consciência, no sentido de estar fora do estado de vigília, que essa divisão entre consciente *versus* inconsciente pode até ser didática, mas certamente não é clínica. O que a experiência analítica demonstra é que o inconsciente está se atravessando o tempo todo em nossas vidas – vide as lembranças dos sonhos, os chistes, os atos falhos, os sintomas.

Que não possa se saber de algo do inconsciente não significa que esse algo não esteja presente no psiquismo. Quantas descobertas se faz em uma análise que parecem surpreendentes ao falante quando, na verdade, são muito evidentes a outras pessoas? De certo modo, alguma coisa já se coloca, já se atravessa em nossas vidas, mas a força do recalque não nos deixa saber. Então, quantas coisas bem poderiam ser sabidas, mas não se sabe que sabe, porque o recalque se impõe atrapalhando, impedindo de ver alguma coisa que bem pode "estar na cara"? Com frequência, o que se descobre em uma análise não necessariamente são grandes coisas, e sim sutilezas que fazem toda a diferença.

É o amor marcado pela vertente do desejo, então, que a psicanálise vai apontar para nós. Não se trata de um amor completo, de um amor do "felizes para sempre", do amor que faria o todo. Trata-se de um amor que é uma furada. De um amor que, além de não aplacar a falta, ainda vai fertilizá-la e tornar a falta fértil. Então, nunca sabemos tanto da falta quanto quando amamos. Essa fantasia de completude seria uma modalidade de não sabermos da falta. Há a ideia de que cada um é metade de si e que encontraria a outra metade, completando-se. Na prática, entretanto, o que se descobre na experiência amorosa é que cada um é um pedaço de si, mas no encontro amoroso descobre-se alguém que é um pedaço de outro si, e que no encontro amoroso essas faltas se somam, para dizer o mínimo, pois talvez se multipliquem.

Os amantes inclusive dizem "eu sinto sua falta" ou, se não dizem, encontram um jeito de inserir a falta, afirmando querer sentir a falta um do outro, pedindo "um tempo" para... sentir falta! Como escrevi no livro *A gente mira no amor e acerta na solidão* (Paidos, 2022), a gente quer fazer presença não só pela presença, o que já não é pouca coisa, mas fazer presença muito especialmente pela falta. É fazer falta que nos interessa, que o outro nos faça falta também nos interessa.

Então, no encontro amoroso, trata-se muito menos de encontrar com alguma coisa que vá tamponar a falta e muito mais de se encontrar com alguma coisa que vai escancarar a falta. Por isso Freud(1914/2010) vai dizer que o apaixonado é humilde. E é interessante que ele coloca isso em um texto chamado "Introdução ao narcisismo". Nesse texto, ele está desdobrando o amor pela sua vertente narcísica. Mas, ao mesmo tempo que ele fala de uma vertente amorosa pelo restabelecimento de um narcisismo infantil já perdido, ele também fala dessa vertente amorosa da perda de narcisismo. Amar, então, de acordo com Freud, é perder narcisismo. Aquela libido que seria endereçada para o próprio Eu, no campo do amor, escoa para o objeto.

Talvez por isso a gente escute pessoas dizendo, quando terminam um relacionamento, coisas como "ah, agora eu vou cuidar de mim", e por vezes podemos pensar "ué, e não podia cuidar antes?" ou "ah, agora eu vou pensar nas coisas que eu quero, vou mudar de profissão, vou mudar de cidade, vou mudar de vida, vou mudar de corpo"... Há pessoas que se tornam até irreconhecíveis depois do término de um relacionamento, de tantas coisas que mudam. Como se antes a libido estivesse represada no campo do outro e não pudesse ser investida em si mesmo. E só na medida em que se pode elaborar um luto, ou seja, em que se perde o objeto amado, essa libido pode de novo ficar disponível para o próprio Eu.

O amor que Freud irá propor, então, do qual ele vai se referir, será esse amor que é furado. A gente pensa, então, que vai encontrar com uma certa satisfação narcísica, com um certo restabelecimento narcísico – e encontra! Não é que não seja disso que se trate – mas também encontra com uma certa perda narcísica, que é condição, então, para amar alguém. Quem se ama demais não precisa amar o outro. É um dito desse discurso da pregação contemporânea, do "se ame", da autoestima idealizada, do imperativo de autoamor, do "você precisa bastar", de uma propagação de que não devemos precisar do outro, de um discurso de uma lógica individualista, narcísica, que nos deixa completamente sozinhos e isolados, muitas vezes em busca de uma imagem que viria a recobrir a falta. Nesse sentido, podemos pensar que temos relações autoeróticas de pessoas com suas câmeras, com suas selfies, com um olhar de um outro que não tem corpo, porque não se olha sendo olhado, se tem notícias de "curtidas", de comentários, mas não há outro ali. Isso é uma criação virtual de que haveria um outro, supostamente ali. Muito diferente do que a gente pode pensar no campo do narcisismo, onde tem outro – e tem uma dependência desse outro. E é interessante pensar isso, que o que cria o narcisismo é o outro. É uma diferença sutil que Freud propõe em "Introdução ao narcisismo", que haveria um tempo anterior ao narcisismo, que é o autoerotismo. E nele a pessoa se bastaria. O bebê, ao chupar o dedo, faz esse gesto de levar o dedo à boca para extrair satisfação, que é autoerótico, ele se basta ali na relação com seu próprio corpo. Mas, quando a gente precisa ser amado pelo outro, é preciso que haja outro. Não basta eu me amar. Amar a si mesmo já é ser dois, em certa medida: quem ama e quem é amado. A grande cilada disso tudo é que Freud vai propor que, para que se possa aprender a amar a si mesmo, será preciso ser primeiro amado pelo outro. E a isso ele vai chamar de narcisismo primário. Então, o narcisismo primário será a possibilidade que uma criança tem de se identificar como objeto de amor do outro. Isso será perdido, não por completo, mas será furado, porque num segundo tempo teremos o que Freud chamará de narcisismo secundário, em que não há mais uma plena identificação com o objeto de amor do outro.

Se num primeiro momento o bebê é o amor da vida de sua mãe, num segundo momento o bebê é mais um dos amores da vida da mãe, ainda que essa mãe não tenha outros filhos – será melhor que ela tenha outros amores. E essa é uma condição essencial para se sair do complexo de Édipo e ir buscar outras parcerias fora da família.

Então, o que se busca nessas parcerias é, de certo modo, a restituição infantil da perda que se teve ao acreditar que seria o grande objeto do amor da vida de alguém. E o que se encontra nessa repetição? A perda de narcisismo. Porque nunca se é tão amado como a fantasia infantil faz acreditar que se foi por uma mãe (ou pelas primeiras figuras de amor). Vale dizer que esse desencontro entre mãe e filho acontece na melhor das hipóteses, quando a mãe é "suficientemente boa", para usar o termo de Winnicott.

Se não for isso, será o que Lacan (1956-1957/1995) vai colocar no Seminário 4, ao afirmar que o desejo da mãe é uma boca de crocodilo. A criança está na boca do crocodilo e precisa de um rolo de pedra para que não seja engolida pela boca da mãe. Esse rolo de pedra ele chamará de significante do Nome-do-Pai (NP). Então, o NP é aquilo que garante que nós não sejamos engolidos pelo Outro. Ou seja, tem, falta, porque se fica meio solto nessa boca do crocodilo que está travada pelo significante do NP. Se se fica solto assim, pode-se ir, pode-se voltar... fica-se porque quer... Mas, sem o significante do NP, é-se engolido. Aí não é possível ir, nem voltar, faz-se um com o outro. Mãe e filho viram um só, o que se pode atualizar mesmo na vida adulta. Por isso é tarefa do neurótico colocar a falta no campo do amor. Porque a falta vai ser efeito da inscrição do significante do NP. Entre um e outro, existe um intervalo. Nesse sentido, toda relação amorosa acontece a três. Existe um, outro e um intervalo. É o que a gente aprende a fazer no complexo de Édipo. Aprendemos que a relação é a três, por isso no complexo de Édipo existem três pessoas. São três pessoas não porque seja necessariamente a família tradicional, composta por mãe, pai e filho(a) – há algumas leituras que se dizem psicanalíticas que podem ser muito equivocadas nesse sentido, dizendo que não poderiam ser duas mulheres um casal, ou que, se o pai fosse embora, a criança poderia psicotizar... não é de nada disso que se trata. A questão é que é preciso que sejam três para que alguém possa se salvar. Tem sempre alguém que "roda", porque, enquanto se olha para um , alguém fica de fora. É isso o que aprendemos no complexo de Édipo, a sobrar. Quando estamos em três tem sempre alguém que resta. Em dois, não. Não dá nem para piscar, às vezes, porque só tem um para o outro. Mas, se tem três, dá para dar uma escapadinha, sabe-se que o outro não precisa tanto de você. Então, o terceiro, mais do que uma pessoa, mais do que um pai, é uma função. Uma função de espaço. Entre um e outro, tem um espaço, tem uma falta. Tem alguma outra coisa que vai apontar para um mundo.

Dito de outro modo, entre o bebê e a mãe, pensando desde os primórdios, tem espaço para alguém mais entrar. E esse espaço vai ser todo um mundo. E vai ser essa relação amorosa que se repetirá na parceria amorosa com um outro na vida adulta. Então, entre um e outro, tem o amor, que convida um e outro a se juntarem, mas também tem o desejo, que vai dar notícias do impossível dessa junção, e vai dar notícias, então, de que tem sempre alguma coisa no mundo que interessa a cada um além dessa parceria. Tem ainda o gozo, sobre o qual trabalho um pouco no último capítulo do livro *Amor, desejo e psicanálise*, que será o modo como cada um vai viver isso no corpo. No corpo cada um está sozinho. Podemos sair para jantar com alguém, mas cada um experimentará a comida a partir da sua boca, a partir das suas papilas gustativas. Podemos nos relacionar sexualmente com alguém e ter uma experiência maravilhosa, um bom encontro, harmonioso. Mas, no fim das contas, cada um só vai poder saber como foi para o outro se puderem falar disso.

É por isso que amor, desejo e gozo vão ser efeito do modo que se faz uso da linguagem, do modo como a gente se inscreve na linguagem – e as palavras são ardilosas, a linguagem é danada, ao mesmo tempo que une, também separa. Quero dizer uma coisa, digo outra – ou não quero dizer uma coisa e, de repente, disse exatamente aquilo que eu não queria ter dito. Posso até pedir desculpas e dizer que não era isso que queria ter dito, mas, ainda assim, não há como desdizer. Ainda que não devesse ter dito, disse. Então, aquilo que a gente fala serve para fazer a ponte com o outro, serve para alcançar o outro, mas a gente pode pensar também que a ponte, ao mesmo tempo que é aquilo que une, pode ser aquilo que afasta. Amor, então, é ponte: porque só vai existir com a condição de eu e o outro sermos dois seres diferentes. Só vai existir com a condição de eu e o outro não virarmos um só. Só vai existir na medida em que entre eu e o outro exista algum tipo de mal-entendido que separa, que haja algum espaço de distanciamento.

Lacan (1953/1998) faz referência a um poema de Antoine Tudal que bem demonstra essa função de união-separação que faz a linguagem em função e campo da linguagem:

Entre o homem e o amor,
Existe a mulher.
Entre o homem e a mulher,
Existe um mundo.
Entre o homem e o mundo,
Existe um muro. (p. 290)

Entre um e outro, e aí vale dizer que esse outro é sempre outro, independentemente de seu gênero, há sempre algo que podemos pensar que une separando, ou que separa unindo. Por isso me interessa pensar o amor dentro da perspectiva psicanalítica. Porque a psicanálise vai apontar para esse impossível, Lacan vai chamar de o impossível da relação sexual existir, que é justamente o que torna possível o amor, ainda que não o garanta.

Alguns comentários a mais a respeito do desejo a partir de questões dos participantes

Vou tentar comentar abarcando esses pontos, e aí vocês me dizem se esqueci algo, se ficou algo de fora, ainda que sempre fique. Essa questão do desejo, ela é muito importante porque a ética da psicanálise é a ética do desejo. E, quando a gente fala do desejo, vale dizer que o desejo, assim como o amor, são palavras da língua, não são neologismos, são palavras que estão na nossa língua cotidiana, então, às vezes a gente tenta entender pelo senso comum e se atrapalha um pouco. Por que o que é o desejo? Qual é o meu desejo? É uma pergunta que a gente sempre se faz em uma análise. Dizemos que vamos para a análise para saber do nosso desejo, mas o que é isso? Por vezes, isso pode aparecer até mesmo em um tom meio romântico, como se fosse possível encontrar com o desejo e ser feliz para sempre com ele.

No entanto, o que a experiência psicanalítica aponta é que o desejo é um inferno, no sentido de que o desejo é filho da falta e não para de nos dar notícias dela. Não é como se pudéssemos encontrar uma felicidade completa sabendo de algo do desejo, não é como se pudéssemos resolver algo na vida de modo definitivo sabendo para onde aponta o desejo. É o contrário, na verdade: quando descobrimos algo que toca no desejo, a gente descobre é onde é que iremos "amarrar nosso burro", digamos, onde é que iremos topar passar os perrengues da vida. Quando há alguma intimidade com o desejo, a gente o sustenta um melhor, mas ainda assim se trata de sustentar uma falta e não algo que irá nos poupar de um grande trabalho. Freud irá apontar (e eu escrevo isso no livro ao me referir à experiência de satisfação) que é um tema que ele trabalha cuidadosamente no capítulo 7 da *Interpretação dos sonhos*, ele irá dizer que o desejo não tem um objeto que o satisfaça na realidade. Então, diferentemente dos animais, que se orientam na vida pelo instinto, e que, se querem alguma coisa, encontram com um determinado objeto que realiza aquilo que eles querem – na vida humana, não nos sustentamos pelo instinto. Tem algo que nunca se realiza.

Na primeira tópica freudiana, encontramos que existem as pulsões de autoconservação *versus* as pulsões sexuais. Então, ele vai colocar uma antítese das forças pulsionais entre uma parcela do investimento pulsional que seria dirigido para o próprio Eu, para as nossas conservações (afinal, precisamos comer, dormir, fazer nosso excrementos, aquilo que se aproximaria mais do que entendemos por instinto, que são as coisas que a gente precisa fazer para manter nosso corpo vivo) *versus* as pulsões sexuais, que são as pulsões que nos endereçam ao campo do Outro. Depois, ele vai juntar na segunda tópica as pulsões de autoconservação com as pulsões sexuais e vai dizer que elas não são duas forças contrárias, mas que elas vão em uma mesma direção, são as pulsões de vida. Assim, ele coloca as pulsões de vida de um lado *versus* a pulsão de morte.

Entendo, com isso, que o Freud está colocando é que o que irá nos orientar na vida é o prazer, e não a satisfação do instinto. A gente come porque precisa comer? Sim! Mas a gente come também por prazer. Com isso também satisfazemos uma necessidade. A gente elimina os excrementos do corpo porque precisamos eliminá-los? Sim! Mas também porque isso marca uma satisfação pulsional em nosso corpo. A gente cuida de nós mesmos porque precisamos cuidar? Sim! Mas também por narcisismo. Então, o narcisismo, por exemplo, será um prolongamento nas pulsões de autoconservação. O que vai orientar as nossas relações, então, com o outro, com o corpo, é isso que é a satisfação da pulsão. E é por aí que Lacan cunhou em termos de gozo, a parte da pulsão que se satisfaz. Se eu quero comer alguma coisa, essa alguma coisa aparece no imaginário como tendo um nome, tendo uma cara, um cheiro, tem uma fantasia que se colocará em torno disso. Se eu quero encontrar com alguém, esse encontro é com alguém que tem um nome (ou inventa-se um), um jeito de ser, tem toda uma fantasia, uma expectativa em torno disso. Então, a fantasia é aquilo que sustentará o desejo. Nesse sentido, podemos entender o desejo como uma invenção que é consequência da linguagem. Porque, em última instância, a coisa que eu quero comer, a pessoa que eu quero encontrar sequer existem. Essa coisa que por vezes dizemos, vontade de comer uma coisa que não sei o que é, querer encontrar o amor da vida que não conhecemos, essa é a cara do desejo. E aí, quando começamos a devanear em torno disso, encontramos com a fantasia como sendo um efeito da linguagem que aponta para o infinito.

Não por acaso existem tantas histórias, não só de amor, mas de qualquer coisa. O escritor, que inventa essas histórias, será alguém que trabalhará com o infinito, porque, quando ele pega um papel em branco e letras, são infinitas as combinações que podem ser feitas do que irá surgir ali de história. A linguagem nos prega essa peça, no sentido de que muita coisa é possível de fazermos com a linguagem. Mas o que vamos escrever, de fato, ali? Isso tem um limite. Não se pode escrever tudo. A escrita e a fala têm efeito de castração. Quando me proponho a falar com vocês mesmo a respeito desse livro, que é curto, tem menos de cem páginas de texto, preciso escolher um percurso, porque não é possível falar de tudo. Tudo é muita coisa e a gente pode só algumas coisinhas. O desejo será sempre essa coisa que fica de fora, então. Por isso é que o desejo é um inferno, porque é algo que não cessa de ficar de fora. Ao mesmo tempo, o desejo é uma salvação porque essa coisa que por ficar de fora se relança como causa, como vontade de continuidade, de outra história, outra coisa para comer, outro encontro. Se fazemos algo e nos satisfazemos por completo com esse algo, não é preciso reprise, acabou. Sai-se com alguém, a saída acontece exatamente como se esperava e é o suficiente. Não precisa de outro encontro. Escuta-se alguém em uma palestra e aquilo que se escuta é exatamente aquilo que se queria. Pronto, não precisa escutar de novo, não são necessárias outras palestras e nem a mesma de novo.

Então, a gente se interessa não pelo que se ganha, apenas, mas muito especialmente por aquilo que faz falta. Quando aparece uma falta, ela pode se relançar como causa de desejo. Por isso que nos encontros amorosos sempre nos orientamos por algo que seja da ordem do desejo. Não só por aquilo que tem de encontro, mas substancialmente por aquilo que tem de desencontro e que se relança como desejo de encontro. Se relança como desejo de dizer melhor. A experiência analítica é um lugar onde aprendemos a fazer isso, se sustenta pelo desejo. A associação livre se baseia nisso, fala-se algo, pensa-se que não caiu muito bem, que é possível dizer melhor, então reformula-se, algo de um mal dito ainda cai, diz-se, então, mais uma vez. Quantas voltas se dá em torno de um mesmo assunto em torno de uma mesma vivência, um mesmo tempo de vida, um mesmo acontecimento traumático, até que se possa dizer algo muito bem dito a respeito? E aí, tempos depois, pode-se revisitar esse bem dizer e extrair, ainda, outra coisa? E, tempos depois, pode-se revisitar mais uma vez, ainda, esse movimento elíptico, e extrair outra coisa, ainda. Então, o desejo poderá ser o espaço no qual possamos viver para além de existir.

Referências

Freud, S. (2010). Introdução ao narcisismo. In *Obras completas* (Vol. 12, pp. 13-50). Companhia das Letras. (Trabalho original publicado em 1914).

Freud, S. (2020). Psicologia das massas e análise do eu. In *O mal-estar na cultura* (pp. 137-232). Autêntica. (Trabalho original publicado em 1921).

Freud, S. (2020). Sobre amor, sexualidade e feminilidade. In S. Freud. *Amor, sexualidade, feminilidade* (pp. 7-35). Autêntica. (Obras incompletas de Sigmund Freud).

Freud, S. (2010). A feminilidade. In *Obras completas* (Vol. 18, pp. 263-293). Companhia das Letras. (Trabalho original publicado em 1933).

Kuss, A. S. S. (2015). *Amor, desejo e psicanálise.* Juruá.

Kuss, A. S. S. (2022). *A gente mira no amor e acerta na solidão.* Paidos.

Lacan, J. (1977). Seminário 25 - O momento de concluir. Aula de 15/11/1977 – a tagarelice. Edição online. Texto estabelecido e traduzido por Jairo Gerbase.

Lacan, J. (1995). *O seminário, livro 4: A relação de objeto.* Jorge Zahar. (Trabalho original publicado em 1956-1957).

Lacan, J. (1998). Função e campo da fala e da linguagem em psicanálise. In *Escritos* (pp. 290-324). Jorge Zahar. (Trabalho original publicado em 1953).

Lacan, J. (2008). *O seminário, livro 20: Mais ainda.* Jorge Zahar. (Trabalho original publicado em 1972-1973).

10. Psicanálise na contemporaneidade: sobre negacionismos, confusão de línguas e desresponsabilização[1]

Daniel Kupermann

A partir do título "Psicanálise na contemporaneidade", proporei abordar questões não diretamente referidas à clínica individual, à psicanálise em intensão, como diz Lacan, mas a uma espécie de desdobramento da mesa de ontem, sobre trauma e sofrimento psíquico, no contexto atual. Naquela ocasião me debrucei sobre as categorias da empatia e da ética do cuidado referindo-me à clínica *stricto sensu*, e agora pretendo uma aplicação dessas categorias no sentido de tentar compreender alguns fenômenos da vida social, da vida política, aos quais nós temos assistido nos últimos dois anos. Refiro-me à dimensão do trauma no contemporâneo, e seria muito difícil falar sobre isso sem abordar os efeitos da pandemia sobre as subjetividades. Nesse sentido, utilizarei ferramentas freudianas, bem como ferramentas da traumatogênese ferencziana, para buscar alguma compreensão de uma certa "confusão de línguas" que se instalou em termos planetários, e no Brasil em particular, no que se refere à experiência de todos nós com a pandemia.

---

1 Transcrição realizada por Nádia Bandeira e Laís Kraemer Mattos da conferência pronunciada na Jornada do Espaço Criar em 03 e 04 de junho de 2022.

Retomando o conceito da *Verleugnung*, me parece que esse é um grande legado de Freud para pensarmos o contemporâneo, a *Verleugnung* ligada a uma certa operação psíquica, ao mecanismo da "recusa", tradução mais difundida entre nós. E precisamos tomar algum cuidado, porque quando utilizamos, ao pensar na recusa, imediatamente o termo perversão, ele tem já uma conotação carregada, muito pejorativa.

Mannoni (1991), citado pelo Roberto Graña, tem uma fórmula, em um texto belíssimo, que define a operação da recusa, a *Verleugnung*: "eu sei... mas mesmo assim". Essa fórmula descreve bastante bem esse mecanismo de defesa. Quer dizer, como é possível que cada um de nós possa tolerar certas dimensões do real que se apresentam como intolerável? Então nós temos a dimensão da recusa no plano individual, mas nós temos também a recusa necessária, quer dizer, não se trata apenas de uma operação perversa, todos nós precisamos de recusas cotidianamente. Se você acordasse de manhã e ao levantar da cama estivesse tomado pela ideia de que pode morrer até o fim do dia, a vida ficaria muito pesada, difícil. Sabemos disso, sabemos que na verdade pode acontecer, mas, mesmo assim, levamos a vida e realizamos as tarefas que temos que realizar, algumas mais prazerosas, algumas mais burocráticas, algumas totalmente desprazerosas, por exemplo, pagar alguns boletos. Então, vejam, recusar é preciso, a questão é quando a recusa toma certas dimensões, afeta nossa relação com a realidade e, principalmente, o que eu queria abordar, quando a recusa deixa de ser um mecanismo individual e passa a ser um mecanismo compartilhado coletivamente.

Nesse segundo caso seria mais interessante nomear esse mecanismo coletivo não de recusa, para não criar confusões desnecessárias, mas de *negacionismo*. Nesse sentido, eu guardaria o conceito de recusa para o plano individual, quer dizer, cada um lida nas suas análises com as suas recusas, que são frequentes. Por exemplo, o sujeito a quem o marido ou esposa trai claramente, que insiste em não enxergar as evidências; todo mundo sabe, mas a pessoa não quer saber, é um direito dela, e a análise vai decidir qual vai ser a relação que cada uma dessas pessoas vai ter, então, com suas recusas e com a realidade que se impõe a elas.

Por outro lado, o negacionismo é um termo que foi utilizado principalmente referido à questão do nazismo, à questão da existência ou não dos campos de concentração, termo que voltou à pauta do dia com a pandemia. Em vários lugares do mundo, líderes políticos e autoridades estatais apareceram propondo uma relação de recusa compartilhada com as ameaças da pandemia, exercendo o negacionismo junto à população. Apenas para ilustrar, lembro a vocês um filme recente – evitando entrar no mérito da qualidade cinematográfica – que foi disponibilizado em uma plataforma: *Não olhe para cima*. Creio que todos devem ter assistido. É um filme que tenta de alguma maneira caricaturar esse fenômeno, que, como se vê, não é um fenômeno só do nosso país, mas um fenômeno que tomou grande parte do mundo, ao menos do Ocidente. O que me interessa é tentar pensar como a psicanálise nos ajuda a compreender esse mecanismo e o efeito desse mecanismo sobre as subjetividades. Assim, a história se passa no contexto do contemporâneo que nós vivemos, como uma grande metáfora da pandemia: um meteoro, um cometa vai bater no planeta Terra, e por questões políticas, por questões financeiras e econômicas, há todo um movimento negacionista que coloca em risco a própria existência da espécie humana. Nós acompanhamos a dramaturgia espelhar caricaturalmente muitas coisas que vimos ao longo desses últimos anos.

Quando me debrucei sobre esse fenômeno, e tenho me interessado muito pelo fenômeno da *Verleugnung*, seja no plano intrapsíquico individual, seja no plano relacional, mapeei, cartografei, três formas de negacionismo que eu queria apresentar para vocês. Publiquei algumas coisas sobre isso, e o Grupo Brasileiro de Pesquisas Sándor Ferenczi está lançando agora um livro intitulado *Ferenczi pensador da catástrofe*, que aborda também esse problema. De fato, a catástrofe também pode ser considerada uma noção relevante para nossa temática, uma vez que aborda a dimensão coletiva do trauma. Sándor Ferenczi utilizou o termo, em húngaro, no título de um célebre ensaio publicado em 1924 que ficou conhecido como *Thalassa*.

Então, a ideia de como nós nos adaptamos ou não diante das catástrofes que enfim se interpõem na aventura da espécie humana – Freud também escreveu um ensaio sobre isso, "Neuroses de transferência: uma síntese" – ocupava os psicanalistas durante a Primeira Guerra Mundial. Ambos, Freud e Ferenczi, estavam às voltas com a reflexão sobre a catástrofe, sobre a guerra, e sobre as heranças que uma catástrofe pode deixar, não só sobre cada um, mas sobre a espécie humana. Então, propus o seguinte: o negacionismo, quando é social, quando é político, não é apenas um mecanismo de defesa, como nós consideramos ser o recalque, a recusa ou a foraclusão, mas um modo de produção de subjetividade "interessada" que afeta diretamente a vida das pessoas.

Obviamente sem retomar exemplos de negacionismo, todos nós estamos saturados disso, mas podemos efetivamente nomear três tipos de negacionismo vigentes durante a pandemia no Brasil, ao menos três, e cada um deles referido a um processo descrito pela psicanálise.

O primeiro tipo se refere a uma maneira de lidar com angústias muito intensas, à moda do que nós conhecemos em Freud como idealização. A idealização é a primeira forma de negacionismo, que chamarei de *negacionismo ilusório*. Então, se uma população está ameaçada, um líder é capaz de oferecer um alento pela via da oferta de uma mentira, que se torna a verdade porque há um processo de idealização que faz com que a massa possa aderir a uma ilusão.

Qual a consequência do negacionismo ilusório? Primeiro é a onipotência. Ele permite que o sujeito se sinta invulnerável. Se um presidente afirma que tudo o que se diz sobre determinada pandemia é mentira, faz sentido entender que uma população muito vulnerável acredite naquilo que uma autoridade está dizendo, pela via da idealização.

Nós vimos esse processo, com consequências graves no século passado, o século XX, com a figura do *Führer*, do líder, e Freud o descreveu maravilhosamente bem em *Psicologia de grupo e análise do ego*, ensaio que fez cem anos em 2022. O grupo que se estrutura em torno de uma ideia comum. A Igreja católica e o Exército como exemplo dos grupos artificiais que funcionam dessa maneira. Curiosamente, a Igreja e o Exército são instituições muito presentes na política brasileira de hoje. Igreja e Exército se propondo a decidir os rumos em um país laico em tese, até então, ao mesmo tempo que se propõe democrático.

Ou seja, toda a questão do laço social, tudo aquilo que o Freud descreveu em outro ensaio, *Totem e tabu*, como um mito de criação da democracia moderna – Freud, apoiado em Darwin, propondo o parricídio inaugural a partir do qual ninguém mais ocuparia o lugar de onipotência do pai primordial – não está mais garantido. Trata-se apenas de um mito para explicar o advento do Estado moderno, a passagem do Estado de natureza para o Estado de direito, mas nada garante a permanência do Estado de direito.

Então, o negacionismo ilusório, propondo que toda a narrativa sobre a pandemia é mentira ou intriga do inimigo, apoia-se numa ideia de onipotência e numa ideia de onisciência. Quer dizer, ao oferecerem uma versão para aquilo que nós não sabemos, uma visão de mundo, uma *Weltanschauung*, onipotência e onisciência tornam-se as figuras do negacionismo ilusório, e servem bastante bem para que esse o sujeito se sinta menos vulnerável, menos desamparado, menos desalentado. Temos muitos exemplos que poderiam ilustrar esse fenômeno. Constituição de uma ilusão, à moda da ilusão religiosa, os efeitos de onisciência, onipotência e a eleição de um bode expiatório. Mantém-se o laço grupal elegendo inimigos, fomentando uma cultura do ódio, fomentando uma espécie de polarização: quem não está comigo está contra mim. Vigora, nesse regime, uma certa paranoia, quer dizer, ele não é muito estável porque os fatos são os fatos, e isso vai causando, em algum momento, angústia.

Uma segunda forma de negacionismo a que nós assistimos propus chamar de *negacionismo hipócrita*. O negacionismo hipócrita é bastante sofisticado. Foi o modo privilegiado de negacionismo veiculado por certos representantes da população mais favorecida, como comerciantes, políticos, industriais, uma população que precisa do trabalho alheio. A ideia é manter o discurso negacionista para as massas, enquanto seus representantes se refugiam em casas de praia, em casas de montanha, longe dos grandes centros populacionais, acreditando que há uma espécie de invulnerabilidade seletiva. O vírus não vai atingir quem tem e quem pode sair dos grandes centros urbanos, quem tem acesso aos melhores hospitais, onde respiradores funcionam ou onde há leitos disponíveis. Nomeei essa modalidade de negacionismo de hipócrita inspirado em uma concepção proposta por Ferenczi de que a hipocrisia é a recusa daquilo que nos afeta, e a recusa da empatia em relação ao outro. Há nessa hipocrisia uma crença na invulnerabilidade dos poderosos, mas também uma crença de que a vida do sujeito privilegiado, a vida da sua família, dos seus próximos, vale mais, tem mais valor do que a vida alheia. Essa modalidade de negacionismo opera sobretudo em países onde há uma desigualdade social muito marcante. Na Europa ele é menos presente, porque lá grande parte da classe média alta utiliza os mesmos equipamentos de saúde dos menos favorecidos, os mesmos hospitais – penso na saúde pública na França, por exemplo. Então encontramos menos esse abismo que permite a manutenção de um negacionismo hipócrita para o qual certas vidas valem mais do que outras.

Houve nesse contexto também uma discursividade que vocês acompanharam e que propunha que precisamos salvar a economia, porque isso a médio prazo salvaria mais vidas. Essa discussão – essa pseudoescolha de Sofia imposta pela lógica neoliberal – durou bastante tempo, mas logo cedeu porque, com o passar dos meses, não só a medicina aprende, e aprendeu a tratar da nova doença, como ficou cada vez mais próximo o advento da vacina, que foi capaz então de preservar um grande número de pessoas. Ou seja, contrair uma nova doença no início de uma pandemia é totalmente diferente de contraí-la um ano, dois anos depois. Hoje em dia nós contraímos a covid e não entramos em pânico como dois anos atrás, quando não tínhamos a menor ideia do que ia acontecer. Então, essa ideia de que "nós precisamos salvar a economia acima de tudo" é uma ideia que serve a uma espécie de lógica hipócrita e que alimentou o negacionismo hipócrita tal qual apresentei.

Por último, terminarei este mapeamento dos negacionismos com o que nomeei *negacionismo pragmático*. Trata-se do avesso do hipócrita, uma vez que o negacionismo pragmático obedece ao que Ferenczi chamou de "identificação com o agressor". O negacionismo pragmático foi o negacionismo difundido entre a parcela menos favorecida e, portanto, mais vulnerável da população, que vive em condições de alto risco, com poucos recursos de saneamento, menos recursos hospitalares, menos dinheiro para comprar máscaras, álcool gel, e que não pode ficar sem trabalhar uma semana inteira, um mês, meses. A discursividade propagada pelo negacionismo pragmático que dizia que "não se pode fazer nada" indica justamente uma identificação com o agressor, ou seja, há uma crença de fundo de que a vida do sujeito realmente não vale muita coisa.

Em alguns países, esse tipo de crença é muito grande: realmente certas vidas valem menos. A discussão sobre os diferentes valores da vida chegou à psicanálise a partir dos pensadores que discutiram as estratégias do biopoder, a partir de Foucault, passando por Agamben com a noção de "vida nua". Pensava-se quais são as vidas que precisam ser preservadas e quais são as vidas que não têm grande valor em determinado regime e em determinado momento sócio-histórico. Curiosamente, durante a pandemia, nós assistimos também aos horrores da asfixia de homens negros por policiais nos Estados Unidos e depois no Brasil.

Então vejam: três formas de negacionismo que vão se misturando umas com as outras. O negacionismo ilusório que propunha remédios milagrosos; então, de um lado negando a doença, de outro oferecendo um remédio para a doença que "não existe", quer dizer uma grande confusão. O que alimenta essas narrativas pode ser ilustrado pelo conceito de "confusão de línguas" de Ferenczi. Quais são as línguas que atravessam os Estados do Ocidente? Nós temos um discurso político que defende seus interesses, nós temos o discurso da ciência que muitas vezes causa embates com o discurso político, e nós temos também o discurso religioso, mais presente em alguns países, mais eloquente do que em outros. Então o que nós assistimos, agora falando do Brasil em particular, foi a produção de uma *confusão de línguas* em que os representantes do Estado ora falavam uma coisa, ora falavam seu oposto, viravam para direita e diziam algo, viravam para a esquerda e diziam o contrário do que disseram antes, ora se aliavam ao discurso da ciência, ora ao discurso da religião.

Qual é o efeito dessa produção ativa da confusão de línguas? O efeito é a desconfiança, a descrença na sua própria percepção, que aumenta, de um lado, a angústia, e ao mesmo tempo deixa a população absolutamente desbussolada, sem uma referência à qual se apoiar. Desse modo ocorre a culpabilização do próprio sujeito que perde um parente ou que adoece ou que morre (se morto pode se culpar de alguma coisa). Então, em última instância, a produção ativa da confusão de línguas tem um único objetivo, que me parece fundamental porque está ligado à questão da traumatização na psicanálise. O objetivo é a *desresponsabilização* dos representantes do poder. Trata-se com efeito de uma estratégia perversa, evidentemente, mas muito eficiente, de desresponsabilização: se tudo é confuso, se ninguém sabe nada, ninguém tem responsabilidade por nada. De certo modo Freud descreveu esse processo quando examinou o fenômeno do pânico; se não há líder, quando não há qualquer ideia na qual o sujeito possa se apoiar para encontrar seu lugar no tecido social, o laço se esfacela e passa a vigorar a lei do "cada um por si". Essa concepção do pânico proposta por Freud é interessante para entender o que vivemos hoje. Na medida em que se produz um esgarçamento do tecido social, os indivíduos perdem as suas referências – horizontais identificatórias, verticais com os líderes –, e ninguém é responsável por nada.

Assim, quando pensamos na psicanálise na contemporaneidade, quando pensamos na questão do trauma, da catástrofe e da pandemia como índice e dessa catástrofe mais recente que nós vivemos – alguns a viveram mais de perto porque perderam um ente querido ou amigos, outros ficaram um pouco mais protegidos disso –, nós assistimos a fenômenos sociais e políticos muito sofisticados que têm como efeito uma absoluta desresponsabilização.

Desse modo, o que nós podemos pensar para encaminhar uma conclusão? Freud viveu um período da modernidade e pôde fazer as suas teorias sobre o laço social, os seus gráficos apresentados em *Psicologia de grupo*, em um momento em que os Estados funcionavam de uma determinada maneira. Passados cem anos, tomando como referência o próprio ensaio *Psicologia de grupo e análise do ego*, nós vivemos uma contemporaneidade na qual a relação do sujeito com o Estado, com a política, transformou-se muito, sobretudo por uma espécie de produção de total desresponsabilização. Talvez isso em parte explique também o efeito de incremento de angústia, de medicalização na sociedade, de suicídio de jovens, de abolição de perspectivas de futuro. Uma série de fenômenos que nós já vínhamos observando, e, com a experiência pandêmica, adquirimos uma grande lupa que nos permite enxergar o que se passa em termos de produção de subjetividades, de vida social, de vida política.

Créditos à Nádia Bandeira e à Laís Mattos.

Referências

Agamben, G. (2010). *Homo sacer: o poder soberano e a vida nua I*. UFMG.

Ferenczi, S. (1990). *Diário Clínico*. Martins Fontes. (Trabalho original publicado em 1932).

Ferenczi, S. (1992). Análise de crianças com adultos. In S. Ferenczi, *Psicanálise IV*. Martins Fontes. (Trabalho original publicado em 1931).

Ferenczi, S. (1992). Confusão de língua entre os adultos e a criança. In S. Ferenczi, *Psicanálise IV*. Martins Fontes. (Trabalho original publicado em 1933).

Freud, S. (1980a). Totem e tabu. In S. Freud, *Edição standard brasileira das obras psicológicas completas de Sigmund Freud* (Vol. 11). Imago. (Trabalho original publicado em 1913).

Freud, S. (1980b). Psicologia de grupo e análise do ego. In S. Freud, *Edição standard brasileira das obras psicológicas completas de Sigmund Freud* (Vol. 18). Imago. (Trabalho original publicado em 1921).

Freud, S. (1980c). O futuro de uma ilusão. In S. Freud, *Edição standard brasileira das obras psicológicas completas de Sigmund Freud* (Vol. 21). Imago. (Trabalho original publicado em 1927a).

Freud, S. (1980d). Fetichismo. In S. Freud, *Edição standard brasileira das obras psicológicas completas de Sigmund Freud* (Vol. 21). Imago. (Trabalho original publicado em 1927b).

Greenstone, M., & Nigam, V. (2020, March 30). *Does social distancing matter?* (Working Paper n. 2020-26). University of Chicago, Becker Friedman Institute for Economics. https://ssrn.com/abstract=3561244;

Kupermann, D. (2019). *Por que Ferenczi?* (2a ed.). Zagodoni.

Kupermann, D. (2020, agosto 12). Os três negacionismos. *O Globo*. https://oglobo.globo.com/opiniao/os-tres-negacionismos-24542162

Kupermann, D. (2021). A catástrofe e seus destinos: os negacionismos e o efeito vivificante do "bom ar". In A. Staal & H. B. Levine (Orgs.), *Psicanálise e vida covidiana: desamparo coletivo, experiência individual*. Blucher.

Mannoni, O. (1991). Eu sei, mas mesmo assim.... In C. S. Katz (Orgs.), *Psicose: Uma leitura psicanalítica*. Escuta.

11. O pesadelo das percepções: um ensaio

Leonardo Adalberto Francischelli

Esta belíssima construção não é minha, pertence a alguém que dialoga com um analista e parece revelar a possibilidade de um novo cenário em psicanálise, já que "percepções" pertencem ao nosso sensório, enquanto "pesadelos" são sinônimos do desagradável que acorda o homem, na maioria das vezes, em sobressaltados, em função das cenas que o pesadelo revela a cada um que é despertado perdido na noite escura.

Ao mesmo tempo, o mesmo cidadão afirma não fazer parte do universo dos seres humanos, pois sustenta que não pertence a este mundo com sua fala suave e em tom de quase deboche: "O mundo não me pertence". Ou nesta outra forma de dizer: "fechado em casa".

Enquanto trabalhávamos, escutamos uma buzina insistente, ele pede licença e vai a uma janela e grita que está ocupado. A buzina insiste um pouco mais e silencia.

Ao regressar à sua cadeira, comenta: era a mãe que o estava chamando e não queria encontrá-lo ocupado com outros ou, ou...

Disse: "ela não espera encontrá-lo fazendo algo próprio? Agiu como se tu estivesses sempre disponível?"

Comenta muito nessa linha, transferência de fronteiras amigas? Porém, seu tom de voz, ainda que seja on-line, deixa transparecer um gosto amargo pelo gesto materno.

Lembrei então de uma passagem freudiana que, diga-se de passagem, soa bastante estranha, ou melhor, muito pouco transparente para um espírito preguiçoso:

> *um fica sabendo, pelos doentes após seu restabelecimento, de que em um canto de sua alma, segundo sua própria expressão, se escondia naquele tempo uma pessoa normal, à qual, como um observador não participante, deixava exibir-se frente a si o espectro da doença. (Freud, 1937/1980, Vol. XXIII, p. 203)*

Impactante essa observação freudiana, no meio de um texto tão importante como o *Esboço de psicanálise*, nos momentos derradeiros da produção intelectual dele. Quando nosso analisante, psicótico, segundo nossa nomenclatura pessoal – aliás, ele chegou à minha sala de análise com o propósito de evitar uma iminente internação psiquiátrica, e até hoje não passou por essa experiência –, comenta comigo sobre "o pesadelo das percepções", acreditamos que ele se encontra na linha dos pensamentos de Freud, ou seja, ele vê a doença passar na sua frente pela convocação peremptória da mãe durante nosso trabalho analítico.

A presença materna, insistente, irritada, pelo excesso de buzina, pela ausência do filho ao seu chamado, convoca nele sua infância, quando ele não tinha nem voz nem presença psíquica no outro, no caso, a mãe.

Prossegue Freud: "Não sei se seria lícito supor que assim é em geral, porém posso informar algo parecido sobre outras psicoses de percurso menos tormentosos" (p. 203).

"O pesadelo das percepções" opera como uma memória do infantil desse sujeito; ele vê que sua mãe, ao chamá-lo segundo a sua vontade do momento, e encontrá-lo indisponível, é um fato inesperado que conflitua a relação mãe/filhos e remete a cenas infantis do passado nas quais, como diz, o filho vê passar o "espectro da doença".

Ou seja, traduzindo para nosso dialeto, uma mãe que não tem olhos ou desejo para um outro, terceiro, que venha se encaixar no desejo materno, sem possibilidade de "cortar" o cordão psíquico que enlaça mãe e filho de um modo permanece, alienando na psicose o filho que lhe pertence unicamente, como um forma bizarra de materializar seu próprio complexo de castração.

O agente do quadro clínico psicótico, se assim posso dizer, seria o casal parental no qual, após três filhas, nasce o menino de uma mãe que usava o DIU como método anticonceptivo.

O desejo de um menino era potente, materializa a vontade parental, entretanto, a história desse analisante conta que não foi gerado para o mundo, mas para permanecer no colo materno. Ou, nas palavras dele, "O mundo não me pertence". Assim como "fechado em casa" nos servira para fazermos outras ligações, mais adiante, evocando Kafka.

Nesse clima transferencial, relata que os pais, junto com tios, foram fazer uma viagem de uma semana, e ele, na ausência da mãe, foi ocupar, a pedido dela em comum com a psicóloga, o espaço terapêutico da mãe.

Fato notável, prato cheio para nosso ofício, dessa indiscriminação, ou melhor, desse lugar que tanto a mãe como o filho podem ocupar sem nenhuma interdição castratória.

Lembro-me das mães que quase todos os dias chegavam à sala do hospital psiquiátrico onde fazia minha residência em psiquiatria, trazendo roupa limpa e bem passada pelo ferro quente, e trocavam a roupa dos filhos com todo o cuidado e zelo.

Assim que elas voltavam às para suas casas para regressar no dia seguinte, eles, os filhos, em particular um que lembro muito bem, pelo seu gesto muito marcante, tiravam toda sua roupa, ficando nus.

Ficar talvez fosse para esse senhor um gesto simbólico por meio do qual ele estaria dizendo algo assim: "Nu porque as roupas que me colocas não me vestem do simbólico que tanto necessito e me falam do teu desejo por um outro". Assim, vai morrer internado num hospital psiquiátrico, anônimo, complemento eu.

2.

Outra contribuição que este analisando coloca no acervo de um analista em constante formação é algo de uma riqueza ímpar aos psicanalistas a partir das descobertas do velho Freud, que, como o vinho, fica melhor com a passagem do tempo.

"Primeiro eu tenho medo dos outros, depois os outros com medo de ti." Palavras do analisante, assim como minha memória as evoca. Essa fala apresenta um movimento, uma dialética como uma mudança de posição do sujeito; primeiro eu me assusto, logo, eu espanto os outros; pois bem, o que fundamenta essa troca de lugares? A psicose. É ela que está presente em mim, diz meu analisante, e por isso pensaram em minha internação psiquiátrica, lugar dos loucos, me atrevo a dizer por ele.

Não estamos na presença desse fenômeno que nos descreveu Freud sobre o estranho que nos é familiar? O estranho que nos habita?

Assustou-se profundamente Freud quando não reconheceu sua própria figura refletida no espelho no trem em que viajava. Nathaniel, no conto de Edgar Allan Poe, se joga das alturas do tobogã quando vê o advogado Coppelius, o homem de areia, entre as pessoas que caminham na rua, na viagem suicida, um ato sem pensamento.

"O ser do homem não apenas não pode ser compreendido sem a loucura, como não seria o ser do homem se não trouxesse em si à loucura como limite de sua liberdade" (Lacan, 1998, p. 581).

A evocação do ser que dá voltas sobre si mesmo e de como a loucura dita a liberdade do homem não sei se casa bem com o fenômeno do estranho que nos frequenta; contém, isso sim, a possibilidade de que, no preciso momento do encontro com o familiar desconhecido possa haver um surto psicótico, ou uma passagem ao ato.

3.

Kafka escreveu *Metamorfose* em 1912. Gregor Sansa acorda metamorfoseado em um enorme inseto gigante. Até então Gregor era um caixeiro-viajante, que, com seu trabalho, sustentava a família, composta de pai, mãe e uma irmã. Gregor, como inseto, morre de inação.

A literatura, em toda sua capacidade narrativa, constrói uma metáfora da psicose. Em outras palavras, como se produz um psicótico. Um maneira enlouquecida de sair de um lugar não escolhido, colocado pela família de objeto provedor; em lugar de advir um sujeito, advém um psicótico.

A passagem do humano para a forma animal desumaniza. O homem vira um inseto gigante, um animal, fora da linguagem humana. Óbvio que assim ninguém pode ser caixeiro-viajante e tampouco alguém responsável pela manutenção de uma família.

O impacto do escrito do Kafka conta muito do autobiográfico, seguramente por falar de um chefe de quem Gregor não gosta, entretanto coloca uma radicalidade mortífera em sua metáfora que faz do homem um animal. Sem dúvidas, aqui a escrita surge como uma forma de cura de um sofrimento psíquico intenso, capaz de produzir uma psicose.

Machado de Assis surge no horizonte literário com um de seus personagens, o Dr. Simão Bacamarte, descrito no conto *O alienista*, que, ao regressar de Portugal formado em medicina, dedica-se a curar a loucura de sua cidade natal, Itaguaí, construindo um manicômio batizado de Casa Verde.

O conto finaliza com o Dr. Bacamarte autointernado. Assume, assim, a loucura que o habita. Seria outra forma de uma autocura pela escrita?

Dois expoentes da literatura universal, em continentes diferentes, em tempos distintos, o conto de Machado de Assis é de 1882, enquanto Kafka escreve sua *Metamorfose* em 1912, em Praga.

Há uma grande diferença entre Kafka e Machado, presente na radicalidade kafkaniana em fazer de Gregor um animal, enquanto o caminho machadiano preserva a psicose no homem. E Lacan, com sua tese sobre a loucura, próximo ao homem de Dom Casmurro.

Freud nos legou a "associação livre" como uma forma de cura das dores psíquicas. Escrever e falar, onde está a diferença?

4.

Não irei desenvolver a metapsicologia das psicoses que herdamos de Freud e seguidores. E sim partir dos "pesadelos das percepções" e suas possíveis associações, com Freud na cabeça, quando levanta a hipótese anteriormente referida – que "em sua alma escondia uma pessoa normal" –, e por aí passaria toda a questão que alimenta os esforços dos psicanalistas em busca da cura possível em nossos analisandos.

Quem me presenteou com o "o pesadelo das percepções" apresentava um delírio que o acusava de abusar sexualmente de um familiar e assassinar uma pessoa vinculada profissionalmente à família. Em sessão, com a presença de uma pessoa da constelação do analisante, desmentia energicamente o conteúdo desse delírio, porém o efeito parecia produtor de efeitos contrários, consolidando mais as convicções delirantes.

O delírio, com o andar da carruagem, foi sofrendo fraturas, pelas marcas visíveis de castrações simbólicas, como a conclusão de um curso universitário, em lugar de um outro, igual àquele do pai.

A literatura, com Machado e Kafka, segue por outro caminho. Com seus escritos universais, falam de si mesmos e de todos nós. Disso advém a cura ao navegar pelo simbólico da escrita, que não operaria sem reconhecer as leis da linguística.

É óbvio que tudo isso não passa de um ensaio, para não dizer um pequeno delírio, para se afastar da dureza, necessária, da nossa bruxa metapsicológica, como a batizou Freud.

Referências

Assis, M. (2019). *O alienista.* Ática.

Freud, S. (1980). Esboço de psicanálise. In *Obras psicológicas completas de Sigmund Freud: Ed. Standard Brasileira.* Imago. (Trabalho original publicado em 1937).

Lacan, J. (1998). *Escritos.* Jorge Zahar Editora.

Kafka. F. (2002). *A metamorfose.* Nova Cultural.

Sobre os autores

Ana Suy – psicanalista, escritora, mestre em psicologia clínica pela Universidade Federal do Paraná (UFPR), doutora em pesquisa e clínica em psicanálise pela Universidade do Estado do Rio de Janeiro (UERJ)e professora universitária na PUC-PR.

Daniel Kupermann – psicanalista, professor livre-docente do Instituto de Psicologia da Universidade de São Paulo, presidente do Grupo Brasileiro de Pesquisas Sándor Ferenczi e pesquisador bolsista do CNPq. É autor de vários artigos publicados em periódicos científicos tanto no Brasil como no exterior, e dos livros *Por que Ferenczi?* (Zagodoni), também publicado na França pela Ithaque; *Transferências cruzadas: uma história da psicanálise e suas instituições* (Zagodoni); *Ousar rir: humor, criação e psicanálise* (Artes & Ecos) e *Estilos do cuidado: a psicanálise e o traumático* (Artes & Ecos).

Ethel Cukierkorn Battikha – psicóloga graduada pela PUC-SP e doutora em Ciências pela Universidade Federal de São Paulo/ Escola Paulista de Medicina – Unifesp. Membro do departamento de Formação em Psicanálise do Instituto Sedes Sapientae e autora do livro: *A comunicação do diagnóstico na UTI Neonatal – médicos e pacientes: simetrias e assimetrias* (Ed. Escuta).

Facundo Blestcher – psicanalista e mestre em Clínica Psicanalítica. Atua como professor universitário em nível de graduação e pós-graduação na Argentina, no Brasil e no Uruguai. Presidente da Associação Psicanalítica "Sigmund Freud"e autor de numerosos artigos e publicações sobre a sua área de especialidade.

Gley P. Costa – médico psiquiatra e psicanalista, membro da Associação Psicanalítica Internacional e membro fundador e titular com funções didáticas da Sociedade Brasileira de Psicanálise de Porto Alegre. É professor da Fundação Universitária Mário Martins e é autor de livros de psicanálise, entre os quais: *A clínica psicanalítica das psicopatologias contemporâneas* e *Psicanálise das manifestações psicossomáticas.*

Ignácio A. Paim Filho – psicanalista, escritor, membro pleno do CEPdePA, membro titular e didata da SBPdePA. Autor dos livros: *Metapsicológia: um olhar à luz da pulsão de morte*; *Inconfidências metapsicológicas: Das Unheimlichee*; e *Racismo: por uma psicanálise implicada.*

Jacques André – psicanalista e membro da Association Psychanalytique de France (APF). Atua como diretor da coleção Petite Bibliothéque de Psychanalyse, da editora PUF. É autor dos livros *Les 100 mots de Freud, Que-sais-je?* (PUF, 2023) e *As desordens da vida* (Sulina, 2019).

Katya de Azevedo Araújo – psicóloga e psicanalista pela SBPDEPA, com mestrado em Psicologia Clínica pela PUC-RS. Atualmente é coordenadora técnica, supervisora e coordenadora de seminários do Espaço Criar.

Leonardo Adalberto Francischelli – psicanalista. É membro fundador, titular e didata da Sociedade Brasileira de Psicanálise de Porto Alegre (SBPPA), além de ser membro fundador e pleno do Centro de Estudos Psicanalíticos de Porto Alegre (CEPdePA).

Leticia Glocer Fiorini – médica, psicanalista, membro titular da Associación Psicoanalítica Argentina (APA) e diretora geral do Comité de Estudios sobre Diversidad Sexual y de Género da International Psychoanalytic Association (IPA). Atua como professora da pós-graduação da Faculdade de Filosofia e Letras da Universidade de Buenos Aires (UBA). Fiorini é autora de livros psicanalíticos, bem como editora e coautora de muitas publicações sobre feminilidade, diversidade sexual e de gênero e parentalidade não convencional.

Maria Cristina Garcia Vasconcellos – psiquiatra, mestre em Antropologia Social pelo IFCH-UFRGS e psicanalista membro efetivo da Sociedade Psicanalítica de Porto Alegre.

Magali Fischer – psicóloga e psicanalista pela SPPA. Atua como professora e supervisora do Ceapia, centro de estudos, atendimento e pesquisa da infância e adolescência.

Norberto C. Marucco – psicanalista, membro da Associación Psicoanalítica Argentina (APA), da qual foi presidente (2004-2008), membro titular da International Psychoanalytic Association (IPA) e diretor do Instituto de Psicoanálisis da APA. Autor do livro *Cura analítica e transferência* (Blucher, no prelo) e coautor de vários livros publicados na Argentina, na Itália, na França, na Inglaterra e no Brasil.

Raquel Moreno Garcia – psicóloga, psicanalista, coordenadora das publicações científicas, coordenadora de seminário e supervisora do Espaço Criar. É também sócia fundadora, diretora científica, coordenadora de seminários e supervisora da Constructo. Garcia é responsável pela organização de importantes livros na área, incluindo: *Sobre o infantilismo da sexualidade*; *As desordens da vida – Jacques André*; *Identificação, imanência de um conceito.*

Regina Pereira Klarmann – psicóloga e psicanalista pela SPPA. Atua como docente e supervisora do IEPP. Também é membro efetivo da SPPA, diretora de publicações da SPPA, na gestão 2022-2023.

Roberto Barberena Graña – psicanalista, membro pleno da Associação Psicanalítica Internacional, analista de crianças e adolescentes pela Ipa, membro titular docente na sociedade Brasileira de Psicanálise de Porto Alegre (SBPPA). Possui graduação em psicologia pela Universidade do Vale do Rio dos Sinos (Unisinos), especialização em psicoterapia psicanalítica de crianças e adolescentes pelo Centro de Estudos, Atendimento e Pesquisa da Infância e Adolescência (CEAPIA). Graña é doutor em Letras pela Universidade Federal do Rio Grande do Sul (UFRGS) e possui pós-doutorado em Filosofia e Psicanálise pela Universidade Paris VII. Professor e supervisor do Instituto Contemporâneo de Psicanálise e Transdisciplinaridade de Porto Alegre (ICTP) e do programa de pós-graduação em psicologia clínica da Universidade de Caxias do Sul (UCS) e da SBPPA.